구입 문의 1577-3537
www.niefather.com

초등학생 영역별 필독서 36권 선정(1~3호)
책마다 전체 내용 요약 지문과 심층 질문 8개씩 제시

(주)이태종 NIE 논술연구소

토론 논술 감상문까지 OK!

초등학생 문해독서 고급 1호

행복한 논술 편집부 엮음

- 종의 기원
- 재미있는 미래 과학 이야기
- 작은 생물 이야기
- 아기 돼지 삼 형제가 경제를 알았다면
- 지역이기주의 님비 현상
- 프린들 주세요
- 동물 농장
- 불량한 자전거 여행
- 자전거 도둑
- 심청전
- 홍길동전
- 깡통 소년

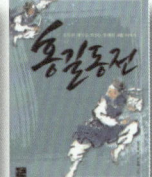

독서를 지도하시는 분
심층 독서가 필요한 학생을 위한 책!

잎싹은 닭장에 갇힌 채 병아리가 될 수 없는 무정란만 낳다가 죽을 운명이다. 그런 잎싹이 알을 품어 병아리를 갖고 싶은 꿈을 꾼다. 꿈을 이루려면 닭장을 나와 수탉과 함께 지내야 한다. 주어진 상황만 놓고 보면 이룰 수 없는 꿈이다. 『마당을 나온 암탉』(황선미 지음, 사계절 펴냄)의 줄거리다.

잎싹은 주인이 주는 먹이를 배불리 먹고 알만 많이 낳으면 된다. 그런데 왜 불가능한 꿈을 꿨을까. 대다수는 주어진 삶에 안주하고 도전하기를 꺼린다. 잎싹의 이러한 모습은 아무런 꿈도 없이 사는 사람들에게 자기 점검의 기회가 된다. 『문해독서』는 '지은이가 왜 주인이 주는 먹이를 배부르게 먹고 알만 낳으면 되는 잎싹에게, 알을 품고 새끼를 키우는 불가능한 꿈을 꾸게 만들었나?'를 묻는다. 도전의 중요성을 일깨우기 위한 질문이다. 불가능을 가능하게 만드는 것이 도전의 힘이다. 인류에게 도전 정신이 없었다면 비행기나 자동차는 지금도 나오지 못했을 것이다. 문제는 도전해서 꿈을 이루는 과정이 험난하다는 데 있다. 꿈을 꾸고 도전하면 온 우주가 돕는다는 말이 있다. 잎싹은 우여곡절 끝에 닭장을 나오는 데까지는 성공한다.

잎싹이 볼 때 이상향이던 마당은 레드오션이다. 마당의 식구들이 잎싹을 받아 주지 않고 냉대한 까닭을 『문해독서』가 물은 이유가 여기에 있다. 꿈을 이루기까지는 현실의 진입 장벽이 너무 높아 좌절이 크다는 사실을 보여 주려는 질문이다. 어느 사회나 기득권층이 있다. 신참자가 등장하면 여지없이 경쟁의식과 차별을 두려는 특권 의식이 작동한다. 기득권층처럼 지키려고만 들면 문화나 경제 모두 지체 현상이 벌어진다. 『문해독서』는 이러한 사실을 알리기 위해 마당에서 누리는 사람들처럼 자기가 이룰 수 있는 꿈만 꾼다면 사회에 어떤 영향을 미칠지 물어본다.

잎싹은 진입 장벽에 가로막혀 결국 새로운 세상을 개척해야 한다. 아무도 가지 않은 길이어서 이정표도 없고 나침판도 없다. 한 발자국만 잘못 옮겨도 낭떠러지다. 안전한 마당을 떠난 잎싹은, 다른 동물들에게 따돌림을 당하고 족제비에게는 생명의 위협까지 받는다. 그래도 잎싹에게는 자기 꿈대로 살 수 있는 행복이 있다. 『문해독서』는 다시 '닭장에서 사는 암탉', '마당에서 사는 암탉', '마당을 떠난 암탉' 가운데 나라면 어떤 닭이 되어 살고 싶은지 질문한다.

잎싹은 마침내 알을 품어 새 생명을 탄생시키는 꿈을 실현한다. 하지만 스스로 낳은 게 아니라 주인을 잃은 청둥오리의 알이다. 잎싹은 집도 없이 떠돌면서 아기 오리 초록머리를 정성껏 돌봐 멋진 청둥오리로 성장시킨다. 나중에는 초록머리를 야생 청둥오리 무리에게 떠나보낸다. 그 뒤 늙고 지친 잎싹은 족제비에게 잡아먹히고 도전은 끝난다.

잎싹은 꿈을 이룬 것일까. 자신의 꿈을 원래의 설계대로 실현시키는 사람은 드물다. 삶은 정해진 운명대로 가는 것이 아니기 때문이다. 『문해독서』는 그 즈음에 '잎싹은 꿈을 이뤘다'는 주제로 찬반 토론을 하도록 제시한다. 토론을 하면서 삶이란 목표를 이루기 위해 도전하는 과정의 연속이며, 결과가 어떠하든 존중을 받아야 한다는 사실을 깨닫도록 하기 위함이다.

잎싹이 초록머리를 청둥오리 무리에게 떠나보냈는데, 초록머리를 보낸 선택이 옳은지 자기 의견을 밝히는 문제도 낸다. 잎싹에게 목숨을 건 도전을 통해 남은 결과물은 초록머리뿐이다. 그런데도 미련 없이 되돌려 준다. 돈이든 지식재산이든 삶에서 얻은 결과물은 마지막까지 소유하고 싶은 욕망을 놓지 못하는 것이 사람의 마음이다. 기득권층이 마당을 끝까지 사수하려고 드는 이유다. 따라서 지속 가능한 삶을 위해 미래 세대에 대한 책임 의식을 심어 주기 위한 『문해독서』의 물음인 것이다.

『문해독서』는 결론적으로 '저학년 때는 꿈이 백만 개나 되는데, 고학년이 되면서 한 반에서 셋 중 한 명은 꿈이 없다'는 내용의 신문 기사를 제시한다. 그리고 '어른이 되면 가지고 싶은 직업 또는 이루고 싶은 꿈을 한 가지만 구체적으로 정한 뒤, 지금 어떤 노력을 기울여야 이룰 수 있을지 자신을 점검하라.'고 질문을 맺는다.

『마당을 나온 암탉』은 꿈이 없는 시대를 사는 어린이들에게 가장 소중한 꿈과 도전, 미래 세대에 대한 책임 의식을 불러일으키려고 다뤘다. 『문해독서』가 선정한 책들은 이처럼 신문 기사와 접목해 현실에 바탕을 두고 치밀하면서도 융합적 시각으로 접근했기 때문에 독서 토론의 새로운 이정표가 될 수 있다. 예를 들어 『흥부전』에서는 노동이 없는 소득에 세금을 많이 부과해야 하는 까닭, 흥부의 다자녀 정신과 노블레스 오블리주 정신이 현대에 필요한 이유, 박을 한 번 타고 그쳤으면 나왔을 텐데 마지막 박까지 타서 목숨을 잃을 위기에 빠진 놀부의 투기 심리와 카지노 폐인을 연계한 문제까지 철저하게 경제적 시각에서 조명한다. 각 호에 들어 있는 12권의 책을 이처럼 융합적 방식으로 읽으면 고전을 통해 세상을 보는 지혜의 눈이 뜨일 것이다.

『문해독서』는 초등학생용 시사논술 월간지 '행복한 논술'이 10년 넘게 개발한 신개념 독서 프로그램이다. 이들 책에는 4차 산업혁명 시대의 초등학생이라면 갖춰야 할 다양한 영역의 배경 지식과 지혜가 담겨 있다. 선정한 책마다 독서의 방향성과 지식의 확장성을 뒷받침할 수 있는 전체 내용 요약 지문과 급별로 7~8개의 심층 질문을 제시한다. 마지막 심층 질문은 시사와 연계해 토론과 논술이 가능하도록 해서, 융합적 사고력과 문제 해결 능력을 키울 수 있다. 한 권의 책을 읽어도 뚫어지게 읽으면서 평생의 자양분으로 삼으면 좋겠다.

행복한 논술 편집부

차례 보기

| 과학 | 01 | 『다윈이 들려주는 신비한 진화 이야기 **종의 기원**』
생물은 환경에 적응하면서 진화 | 7 |

| | 02 | 『신문이 보이고 뉴스가 들리는 **재미있는 미래 과학 이야기**』
과학 기술 발전의 두 얼굴 | 17 |

| | 03 | 『우리 생활 속의 숨은 일꾼 **작은 생물 이야기**』
사람은 왜 미생물과 공존해야 하는가 | 27 |

| 경제 | 04 | 『이야기에서 건진 경제 **아기 돼지 삼 형제가 경제를 알았다면**』
경제의 중요성을 배워요 | 37 |

| | 05 | 『다른 동네? YES! 우리 동네? NO! **지역이기주의 님비 현상**』
공동체 정신 되살려야 모두가 행복해져 | 47 |

| 문화 | 06 | 『프린들 주세요』
새 단어가 사전에 실리기까지의 과정 그려 | 57 |

기타	07	『동물 농장』 독재를 막으려면 시민의 역할이 중요	67
국내 문학	08	『불량한 자전거 여행』 진정한 공부는 내 안에서 하고 싶은 일 찾기	77
	09	『자전거 도둑』 행복은 물질에 있지 않아요	87
	10	『어두운 눈을 뜨니 온 세상이 장관이라 심청전』 하늘도 감동시킨 지극한 효심	97
	11	『잘못된 세상을 뒤집는 통쾌한 모험 이야기 홍길동전』 신분 차별 없는 평등한 세상 그려	107
세계 문학	12	『깡통 소년』 공장 맞춤 생산 소년의 정체성 찾기	117
		답안과 풀이	127

☞ 지침서는 행복한 논술 홈페이지(www.niefather.com) 자료실에서 내려받으실 수 있습니다.

01 과학 | 생물은 환경에 적응하면서 진화

『다윈이 들려주는 신비한 진화 이야기 종의 기원』
한진영 지음, 파란자전거 펴냄, 144쪽

 줄거리

지구에는 사람을 포함해 다양한 생물종이 산다. 이들 생물종은 오랜 세월을 거치면서 생존에 더 적합하게 발전했다. 이러한 과정을 설명하는 이론이 진화론이다. 진화론은 여러 가지가 있지만, 주류는 영국의 생물학자인 다윈(1809~82)의 진화론이다. 다윈은 진화론을 통해 생물은 환경에 맞춰 적응하면서 점차 진화하는데, 생존과 번식 능력이 뛰어난 생물은 살아남고, 그렇지 못한 생물은 멸종한다고 주장했다.

진화론을 탄생시킨 갈라파고스 제도

▲다윈은 갈라파고스 제도에서 진화론의 실마리를 얻었다.

(가)갈라파고스 제도는 다윈이 진화론의 발상을 얻은 곳으로 유명하다. 다윈은 그곳에서 새 26종을 채집했다. 그런데 그 새들 가운데 핀치새 13종은 같은 종류이면서 모습이 조금씩 달랐다. 다윈은 채집한 식물과 핀치새에 관한 보고서를 쓰는 과정에서 섬마다 특유한 토종이 있고, 특징이 있다는 것을 알았다. 생물들은 섬의 환경에 적응하면서 조금씩 변했을 것이다. 섬에 따라 핀치새의 부리가 다양해졌다. 하지만 이 섬에 들어온 동식물 가운데 새로운 환경에 적응하지 못한 것은 결국 멸종했을 것이다. 다윈은 지구상의 모든 생물들은 원칙적으로 이 섬의 동식물과 비슷한 과정을 밟을 것이라고 추측했다. (42~43쪽)

환경에 가장 잘 적응한 생물만 살아남아

▲환경에 가장 잘 적응한 생물만 살아남는다.

(나)다윈은 야생 동식물의 변이가 왜 일어나는지에 대한 해답을 맬서스의 이론에서 발견했다. 자연에서 끊임없는 생존 투쟁, 이것이 수수께끼를 푸는 실마리였다. "다른 개체보다 생존에 더 유리한 개체들은 살아남아 자손을 남기고, 불리한 개체들은 빨리 사라지기 때문에 자손을 남길 기회도 적다. 유리한 개체들의 유리한 형질을 물려받은 자손들은 다음 세대에게 다시 그것을 물려준다. 그리고 이런 과정이 계속되면서 몇 세대 후에는 유리한 형질을 가진 독립된 종이 되는 것이다." 이것이 다윈이 내린 결론이다. 다윈은 이런 과정을 '자연선택'이라고 불렀다. 사람들이 집에서 동식물을 인위적으로 교배해 품종을 개량하는 '인공선택'에 대비되는 개념이다. (50쪽)

종교인은 창조론을 주장하고 진화론에 반대

(다)대다수의 종교인은 진화론에 반대했다. 신의 의지와 무관하게 생명이 진화한다는 주장을 받아들일 수 없었던 것이다. 진화론 때문에 성서의 창조설이 부정되면 사람들은 성서의 다른 내용까지 의심할 것이고, 결국 성서의 도덕적 권위가 떨어져 사회가 타락할 것이라며 불안해 했다. 프랑스의 진화론자 라마르크(1744~1829)는 용불용설을 주장한 것으로 유명하다. 기린이 높이 달린 나뭇잎을 먹느라 목이 길어졌고, 이 기린에게서는 목이 긴 자식이 태어난다는 것이 용불용설이다. 하지만 용불용설은 후손에게 유전되지 않으므로 받아들여지지 않았다. (52, 60쪽)

▲창조론자는 신이 생명을 만들었다고 주장한다.

다윈의 진화론 인정되며 사회진화론 등장

(라)다윈의 진화론이 인정을 받으며 진화론을 인간 사회에 적용하려는 시도도 나타났다. 스펜서(1820~1903)는 사회진화론을 주장했는데, 생물이 진화하듯 사회도 단순한 것에서 복잡한 것으로 진화한다. 따라서 부유한 사람은 경쟁에서 우수함을 증명한 사람이고, 가난한 사람은 인간 사회에서 도태된 무능력자라는 것이다. 당시는 제국주의가 번성할 때였고, 영국은 가장 선두에 서서 식민지를 개척하고 있었다. 제국주의자들은 자기들 입맛에 맞는 사회진화론을 내세우며, 치열한 생존 경쟁을 뚫고 이룬 성공은 정당하다고 주장했다. 또 유럽인들이 신체적, 정신적, 도덕적으로 다른 인종보다 우월하기 때문에 다른 인종을 정복하고 다스리는 것은 당연한 권리라고 여겼다. (63~64쪽)

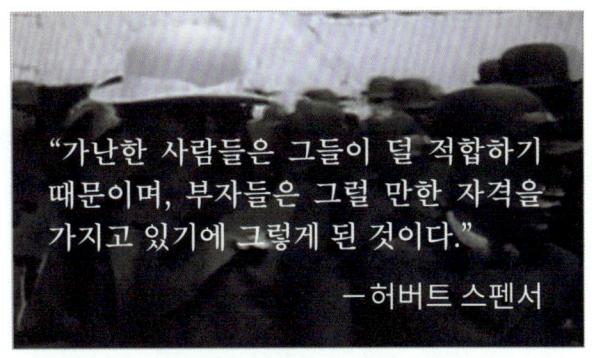
"가난한 사람들은 그들이 덜 적합하기 때문이며, 부자들은 그럴 만한 자격을 가지고 있기에 그렇게 된 것이다."
―허버트 스펜서

▲다윈의 진화론을 인간 사회에 적용한 사회진화론이 등장했다.

모든 동식물은 연결되어 서로에게 영향 미쳐

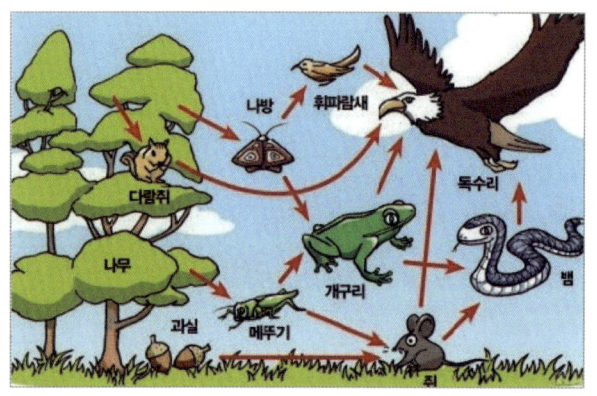
▲생태계는 연결되어 있어 서로 영향을 미친다.

(마)자연선택은 생물이 처한 조건에서 유익한 변이만 보존하고 누적하는 것이다. 생물은 환경에 맞춰 점점 더 개량된다. 그 생물에게 유리한 결과는 낳는다면 어떤 기관은 특화되고, 어떤 기관이 불필요하면 퇴화되기도 하는데, 그런 현상도 자연선택이다. 섬에 사는 투구풍뎅이가 날지 못하게 된 까닭은 날 필요가 없기 때문이다. 변이가 생존 경쟁에 유익하다면, 생물은 살아남아 그것을 자손에게 물려줄 가능성이 크다. 우리는 너무 익숙해 있어서 그 신비스러움을 느끼지 못하지만 모든 동식물은 한 집단에 속해 있고, 그 집단은 더 큰 집단에 속해 있다. 그리고 집단들은 서로 연결되어 있다. (87~88쪽)

모든 생물이 공통의 조상을 두었을 가능성도

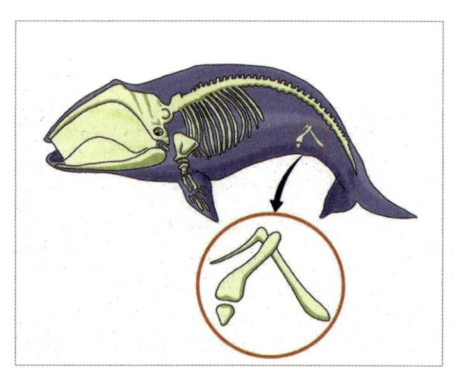
▲흔적기관을 통해 고래의 조상이 땅에서 생활했을 것으로 추측할 수 있다.

(바)종들은 오랜 계승 과정을 거치면서 점차 변화했다. 계속 일어나는 작지만 유리한 변이들은 자연선택에 의해 보존되면서 종의 변화로 이어졌다. 변화는 어떤 기관을 자주 쓰거나 쓰지 않아서 일어나기도 하고, 외부 조건이 직접 작용해 일어나기도 한다. 종이 진화했음을 보여 주는 증거는 여러 가지가 있다. 초기의 조상은 흔적기관을 완전히 발달된 상태로 가지고 있었지만, 점차 퇴화되었음을 보여 준다. 모든 동식물이 어떤 하나의 원형에서 생겼을 가능성도 생각해 볼 수 있다. 과거의 사실들을 근거로 미루어 판단하건대, 현존 생물 가운데 먼 장래의 후손에게 현재의 모습을 변함없이 그대로 전할 수 있는 종은 단 하나도 없다. 환경에 더 잘 적응하는 변종만 자연에 의해 끊임없이 선택되기 때문이다. (134~137쪽)

생각이 쑤욱

1 다윈이 갈라파고스 제도에서 핀치새에 관해 새롭게 안 사실은 무엇인가요?

2 아래 그림을 참고해 다윈의 자연선택설과 라마르크의 용불용설의 차이점을 밝혀 보세요.

▲다윈의 자연선택설을 나타낸 그림.

▲라마르크의 용불용설을 나타낸 그림.

머리에 쏘옥

갈라파고스 제도의 핀치새

갈라파고스 제도에서 발견된 핀치새는 육지의 핀치새와 모양은 비슷하지만 부리 모양이 미세하게 다르고, 서식하는 위치에 따라 외형의 차이가 있었습니다.

과일이 많은 지역에서는 과일을 먹기 유리하도록 부리가 컸고, 곤충이 많은 지역에서는 곤충의 특징에 따라 다른 모양의 부리를 가지고 있었답니다.

그래서 다윈은 같은 종이라도 환경이나 조건에 따라 변할 수 있다는 사실을 알았습니다.

▲핀치새의 부리는 먹이의 종류에 따라 모양이 다르다.

라마르크의 용불용설

프랑스의 박물학자인 라마르크는 1800년대 생물의 다양성을 설명할 수 있는 가장 훌륭한 방법이 생명체의 진화라며, 용불용설을 주장했습니다.

기린의 목처럼 자주 사용하는 기관은 발달해 길어지고, 사용하지 않는 기관은 퇴화해서 나중에 자손에게 유전된다는 학설입니다.

생각이 쑤욱

3 아래 제시된 창조론의 개념을 참고해 종교인들이 진화론을 반대하는 까닭을 설명하세요.

> 창조론은 모든 생명체가 태어날 때부터 신에 의해 창조되었다고 주장하는 이론이다. 창조론자들은 모든 동식물이 전지전능한 신에 의해 지금의 모습 그대로 창조되었다고 말한다. 그들은 성경을 바탕으로 우주와 생명체, 인간의 탄생까지 설명한다. 신이 엿새 동안 하늘과 땅, 모든 생명체를 창조했다는 것이다.

4 다윈의 진화론을 사회에 적용한 이론을 사회진화론이라고 합니다. 사회진화론의 문제점을 지적해 보세요.

머리에 쏘옥

사회진화론

다윈의 진화론의 핵심은 환경에 적응하는 과정에서 진화가 이루어진다는 자연선택설입니다. 출발점은 같지만 서로 다른 환경에 적응하면서 오늘날의 다양한 모습으로 진화했다는 이론이지요.

다윈의 진화론을 사회에 적용한 이론이 사회진화론입니다. 이 이론은 인간 사회의 생활도 생존경쟁이고 적자 생존에 의해 지배된다고 주장했습니다.

사회진화론자들은 자연선택 과정을 통해 우수한 경쟁자들만 살아남아 인구의 질이 계속 향상된다고 믿었습니다.

이러한 논리를 사회에 그대로 적용해 강대국이 약소국을 식민지로 삼는 것이 당연하다고 여겼지요. 그리고 사회적인 경쟁과 불평등 구조, 인종 차별에 대해서도 적자 생존의 결과로 정당화하기도 했습니다.

▲사회진화론을 주장한 허버트 스펜서.

생각이 쑥쑥

5 생태계는 연결되어 서로 영향을 미칩니다. 한 종류의 생명체가 멸종하지 않으려면 종의 다양성을 유지하는 일이 중요한 까닭은 무엇인가요?

6 사람의 흔적기관을 통해 알 수 있는 사실과 진화론에서 흔적기관이 중요한 까닭을 설명하세요.

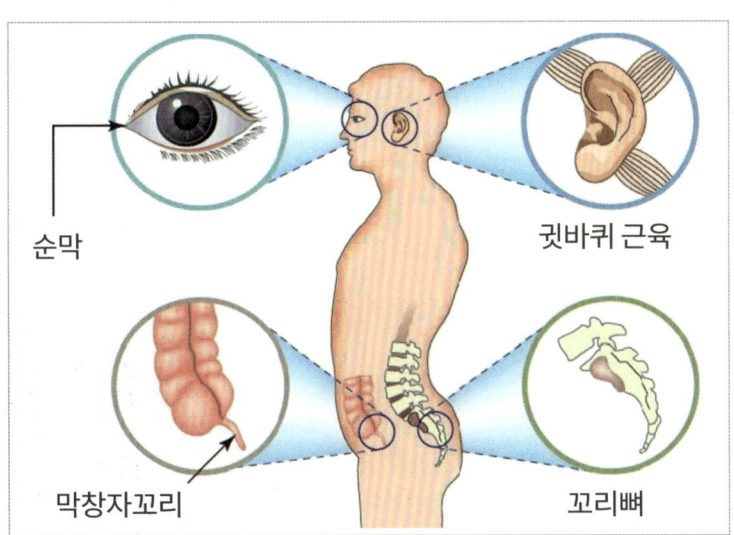

▲사람의 흔적기관. 순막은 눈의 각막을 보호하는 얇고 투명한 막을 말한다.

머리에 쏙쏙

흔적기관

흔적기관이란 어떤 동물의 조상에게는 필요했으나 환경이나 생활 양식이 달라지면서 점차 퇴화해 흔적만 남은 기관을 말합니다.

북미에서 발견된 6000만 년 전 말 화석을 보면, 말의 조상은 앞발가락이 네 개이고 뒷발가락이 세 개였답니다. 그 뒤 가운데 발가락이 점점 발달하고 다른 발가락은 퇴화했지요. 그래서 지금의 말은 커다란 발가락이 하나만 남아 있답니다.

타조는 날개가 있지만 날지는 못합니다. 타조가 지상 생활에 적응하면서 날 필요가 없어졌기 때문으로 추측됩니다.

인류의 조상은 지금보다 어금니가 더 많았다고 합니다. 그런데 문명이 발달하면서 치아의 기능이 줄어 두 번째 어금니까지만 쓰이게 되었습니다. 지금도 세 번째 어금니인 사랑니가 나는 사람이 있기는 합니다.

흔적기관은 기관이 진화하기 전 단계를 보여 주는 기록과 같아서 생물을 분류하는 데 큰 도움이 됩니다.

▲타조는 날개가 있지만 지상 생활에 적응해 날지를 못한다.

생각이 쑥

7 모든 생물종은 계속 진화하고 있습니다. 인류가 1000년 뒤에는 어떤 모습으로 진화할지 생각해 보고, 그렇게 진화할 것 같은 까닭도 말해 보세요.

▲인류의 진화 모습.

머리에 쏘옥

왜 검은색 후추나방만 살아남았을까

진화란 한 세대가 아니라, 여러 세대에 걸쳐 나타나는 변화입니다.

해충에게 뿌려도 해충이 잘 죽지 않는 까닭은 살충제에 저항성을 가진 해충만 살아남아 자손을 퍼뜨렸고, 그 집단이 살충제에 내성이 강한 집단으로 진화했기 때문입니다.

1850년 무렵 영국의 맨체스터 지방에 서식하는 후추나방의 분포를 조사했더니, 흰색 나방이 대다수를 차지했어요. 하지만 산업 혁명으로 석탄 소비가 증가하면서 나무는 짙은 색을 띠게 되었고, 흰색 나방은 위장이 되지 않아 천적에게 쉽게 잡아먹혔지요.

1895년에 다시 후추나방의 분포를 조사했더니 95%가 검은색이었다고 합니다. 공업화에 의한 환경 변화가 검은색 후추나방의 생존에 유리하게 작용해 나타난 결과입니다.

▲후추나방은 환경 변화에 적응하려고 진화했다.

8 생물의 진화론과 창조론을 두고 의견이 분분합니다. 두 가지 입장 가운데 지지하는 의견을 논리적으로 주장해 보세요(400~500자).

터키의 고등학교는 2019년부터 교과서에서 진화론을 제외했다. 터키 대통령의 이슬람원리주의 강화 정책 때문이라고 한다. 이슬람은 기독교와 마찬 가지로 창조론을 주장한다. 일부 터키 학자들은 터키가 학교 교육에서 진화론을 금지하는 사우디아라비아와 같은 나라로 전락했다는 비판 성명을 냈다.

<신문 기사 참조>

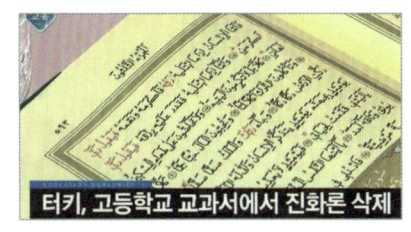

▲터키는 고등학교 교과서에서 진화론을 삭제했다.

02 과학

과학 기술 발전의 두 얼굴

『신문이 보이고 뉴스가 들리는
재미있는 미래 과학 이야기』
김수병 지음, 가나출판사 펴냄, 200쪽

 **줄거리**

    과학 기술이 발전하면서 우리 생활이 20년 전과는 비교할 수 없을 만큼 확 바뀌었다. 정치와 경제, 문화도 생활을 바꾸는 데 역할을 했지만, 과학 기술만큼은 아니다. 미래에도 이러한 추세는 계속될 것이다. 과학에서 출발한 제품이 산업을 바꾸고, 경제와 사회를 바꾸며, 나아가 국가 경쟁력을 강화할 것이다. 첨단 과학을 이해한다는 뜻은 미래를 미리 보는 일과 같다. 미래의 생활 혁명을 주도할 과학 기술을 생명 과학, 기술 과학, 정보 과학, 환경·에너지 과학 등 여러 면에서 바라봤다.

본문 맛보기

유전자재조합식품이 식탁 차지… 장단점 있어

▲유전자조작식품은 장단점을 함께 가지고 있다.

(가)유전자조작식품에 대해 많은 사람들이 궁금해 하고 걱정해요. 유전자조작식품은 유전자 재조합을 통해 새롭게 만든 농작물을 원료로 제조한 식품을 말해요. 유전자 재조합이란 생명체의 암호인 유전자를 인위적으로 바꾸는 거예요. 유전자의 순서를 바꾸거나 넣고 빼서 원래 생물의 단점을 없애고 사람에게 도움을 주는 생물로 탈바꿈시키지요. 머지않아 유전자조작식품이 우리 식탁 전체를 차지할지도 몰라요. 유전자 재조합 기술로 농작물을 오래 보관하고, 대량 생산할 수 있게 해서 먹을거리에 대한 걱정을 해결할 수 있기 때문이지요. (27쪽)

인공 혈액 만들면 피 부족 걱정 사라져

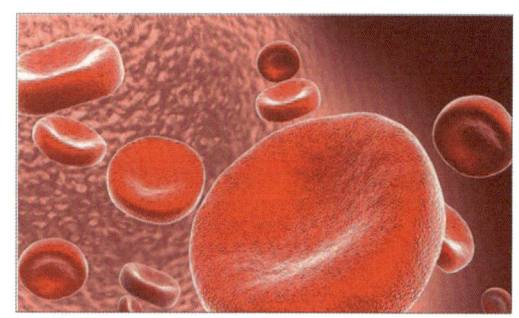
▲인공 혈액은 감염 위험도 없고, 오래 보관할 수 있어 관심을 모은다.

(나)앞으로 역 광장이나 큰길에서 헌혈 버스를 볼 수 없을지도 몰라요. 인공 혈액을 만들려는 노력이 한창이기 때문이지요. 인공 혈액은 혈액의 기능을 인공 물질로 바꾸는 거예요. 1980년대에 혈우병 환자들이 수혈을 받으면서 에이즈 바이러스나 B형 간염 바이러스 등 각종 감염성 질환에 걸리는 일이 생기자 인공 혈액이 다시 관심을 끌었어요. (43쪽)

이런 뜻이에요
혈우병 피가 정상적으로 굳지 않는 병. 이 병에 걸리면 상처가 날 경우 지혈이 되지 않아 위험하다.

본문 맛보기

곤충을 닮은 로봇 개발

(다)로봇 과학자들은 곤충을 닮은 로봇 개발에 힘을 쓰고 있지요. 곤충에게 사람이 모르는 특별한 능력이 있어서 그럴까요? 곤충은 사실 뇌의 무게가 1밀리그램도 되지 않아 머리가 그리 좋지도 않아요. 그런데도 곤충이 동물 가운데 가장 많은 종을 유지하는 까닭은, 시야의 각도가 180도 이상이어서 천적의 공격을 쉽게 피할 수 있다고 해요. 이렇게 곤충의 특징과 장점을 로봇에 옮긴 것이 곤충 로봇입니다. 곤충 로봇이 제대로 활동하려면 필요에 따라 알맞은 곤충을 빼닮아야 합니다. (67쪽)

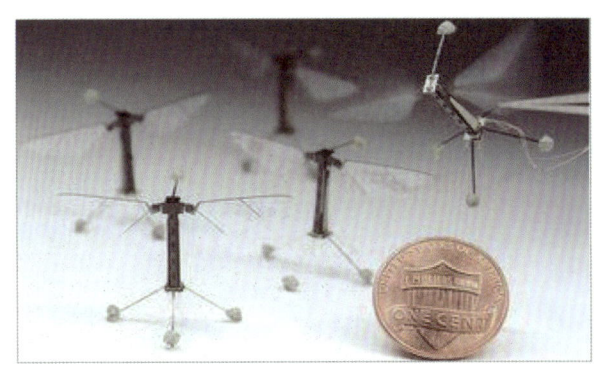
▲2013년 미국의 하버드대에서 선보인 동전 크기의 파리 로봇 '로보비'. 비행 도중 천장 같은 곳에 붙어 쉴 수 있다.

로봇으로 수술하는 시대 열려

(라)로봇이 수술하는 시대가 열렸어요. 우리나라에서도 연세대 세브란스 병원이 2005년에 최초로 외과 수술용 로봇인 '다빈치'를 들여와 무사히 수술을 마쳤답니다. 다빈치는 의사의 지시에 따라 환자의 몸에 구멍을 뚫은 뒤 카메라가 있는 소형 장치를 단 팔을 몸속에 넣어요. 이때 다빈치가 모든 것을 홀로 처리하는 것은 아니에요. 다빈치를 능숙하게 조작하는 의사가 있어야 해요. 의사는 3차원 입체 영상을 보면서 조이스틱을 움직여 다빈치의 팔이 수술을 하도록 이끌지요. (87쪽)

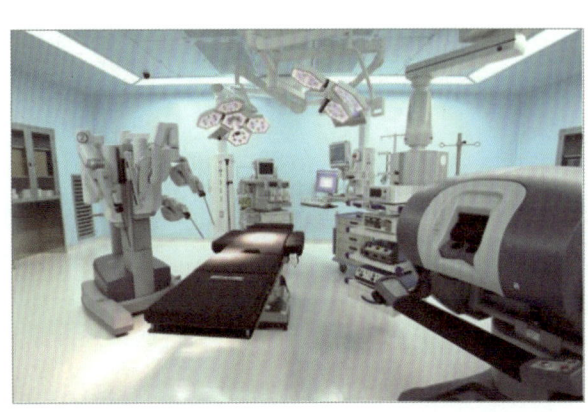
▲다빈치가 설치된 수술실 모습.

멸종된 동물 복제 연구 활발… 찬반 엇갈려

▲1만 년 전까지 생존했던 코끼릿과의 매머드. 얼어 죽은 채 발견된 매머드 사체를 대상으로 복제 연구가 진행되고 있다.

(마)2000년에는 호주의 박물관 연구진이 1930년대에 완전히 사라진 태즈메이니아 호랑이의 DNA를 알코올병에 보존된 새끼의 사체에서 극적으로 추출했어요. 하지만 복제 성공 소식은 아직 들리지 않아요. 이렇게 동물 복제에 관한 소식이 잇따르면서 멸종 동물의 환생을 기대하는 사람들이 많아졌어요. 그렇지만 멸종했던 동물이 복제 기술을 통해 재탄생하는 것을 기뻐할 일만은 아니라는 지적도 있어요. 복제 과정에서 변종이 탄생해 생태계를 어지럽힐 수도 있기 때문이지요. 더구나 복원되더라도 예전의 생태계가 아니어서 지구 환경에 적응하며 살기는 어려울 것이라는 지적도 있어요. (161쪽)

화석 연료 대체 에너지로 바이오매스 떠올라

▲바이오매스는 동물의 배설물이나 음식물 찌꺼기 등 쓰레기로 여기던 것들을 에너지 자원으로 만든 것이다.

(바)맹물로 가는 자동차나 공기로 작동되는 전등처럼 에너지 문제를 획기적으로 해결할 방법이 있을까요? 화석 연료는 점점 줄어들고, 바람이나 태양을 이용한 재생 에너지 연구는 아직 확실한 성과를 내지 못하고 있어요. 이런 가운데 에너지 문제의 해결사로 떠오르는 것이 생물 연료인 바이오매스예요. 바이오매스 가운데 가장 많은 것은 식물 자원이랍니다. 화석 연료는 한 번 쓰면 없어지지만, 바이오매스는 식물을 기르면 다시 얻을 수 있는 등 자연에서 손쉽게 구할 수 있기 때문이지요. (171쪽)

> **이런 뜻이에요**
> **태즈메이니아 호랑이** 몸길이는 1m, 꼬리 길이는 50cm 정도인데, 늑대와 비슷하게 생겨 태즈메이니아늑대로도 불린다. 암컷은 새끼주머니가 있다.
> **바이오매스** 생태계에서 나오는 모든 유기체를 연료로 사용하는 것을 일컫는 말.

생각이 쏘옥

1 유전자조작식품의 장단점을 각각 두 가지 이상 말해 보세요.

장점	
단점	

2 과학자들이 인공 혈액을 개발하기 위해 노력하는 까닭을 두 가지만 말해 보세요.

▲필요한 혈액보다 헌혈량이 부족한 나라가 적지 않다.

유전자 조작 식물의 위험성

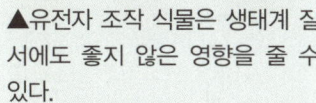

▲유전자 조작 식물은 생태계 질서에도 좋지 않은 영향을 줄 수 있다.

생명은 수소와 산소가 만나 물을 만드는 것처럼 단순한 화학적 현상으로만 볼 수 없답니다.

따라서 유전자를 조작해 만든 식물은 자연계에도 좋지 않은 영향을 끼칠 수 있어요. 예를 들면 유전자를 재조합해 해충에 견디는 식물을 만들었는데, 다시 그 식물을 이기는 돌연변이 해충이 나올 수 있는 거지요.

이렇게 되면 생태계의 먹이사슬이 엉망이 되어 자연계가 파괴될 수 있다는 말입니다.

생각이 쑥쑥

3 자신이 좋아하는 곤충을 하나만 고른 뒤 그 곤충의 특징을 이용해 만들고 싶은 로봇의 특징과 쓰임새를 설명하세요.

곤충	특징	용도
파리	천장 같은 곳에서도 떨어지지 않고 잘 붙어 있다.	재난 지역의 수색과 구조, 전쟁 때 정찰 활동 등에 이용할 수 있다.

4 아래 제시된 기사를 바탕으로, 앞으로 인공 지능(AI)이 더 발달하면 의료 부문에 어떤 일이 벌어질지 두 가지만 추론해 보세요.

> 인공 지능(AI) 기술은 어느새 현실로 다가와 있다. 2016년 가천대 길병원에서 들여놓은 '인공 지능 의사' 왓슨이 그동안 수많은 암 환자를 진료했다. 인간 의사와 왓슨이 서로 다른 처방을 내린 경우는 몇 번 있는데, 환자들은 모두 왓슨의 처방을 선택했다. 예를 들어 대장암 수술을 받은 74세 여성 환자는 담당 의사가 항암제 부작용을 우려했지만, 왓슨이 권하자 항암제를 쓰기로 했다.
>
> <신문 기사 참조>

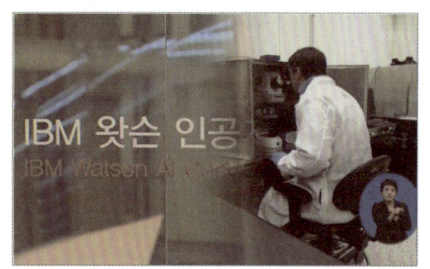
▲TV 뉴스에서 인공 지능 왓슨의 진료를 소개하고 있다.

머리에 쏙쏙

동물을 본뜬 로봇 개발

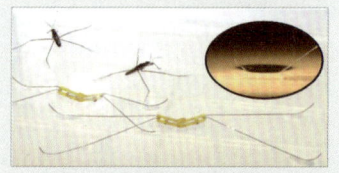

▲소금쟁이와 소금쟁이 로봇(노란색)의 모습. 원 안은 로봇의 다리 부분.

로봇공학자들은 동물의 움직임이나 생김새를 본뜬 로봇을 만들기 위해 노력하고 있어요.

서울대는 길이 2cm에 무게 68 mg짜리 '소금쟁이 로봇'을 2015년에 만들었어요. 이 로봇은 물 위에 앉아 있다가 길게 뻗은 네 다리를 몸쪽으로 모으면서 수직으로 솟구치는데, 이 높이가 무려 몸길이의 7배랍니다.

소금쟁이 로봇처럼 크기가 작으면서도 이러한 기능을 가진 로봇은, 재해 현장이나 오염 지역은 물론 전쟁터에서 여러 곳에 흩어져 감시와 정찰을 하는 데 사용될 수 있습니다.

생각이 쑤욱

5 20년 뒤 사람들의 생활을 한 컷이나 두 컷짜리 만화로 표현해 보세요.

6 우리나라가 앞으로 에너지 위기를 극복할 수 있는 방안을 말해 보세요.

▲바이오에너지는 자동차 연료나 가정의 난방 연료, 발전소 연료로 사용할 수 있다.

머리에 쏘옥

바이오에너지

▲나무나 풀 등 생물에서 나온 유기물은 무엇이든지 바이오에너지의 원료가 될 수 있다.

바이오에너지란 바이오매스를 태워 열을 얻거나, 가스 또는 액체, 고체 등의 형태로 가공한 연료를 말해요.

바이오매스의 원료는 나무, 고구마, 사탕수수, 해조류 등의 유기체나 종이, 음식물 쓰레기, 폐식용유 등의 폐기물이 있어요.

바이오에너지 사용이 늘어나면 폐기물을 태워 없애므로 매립되는 쓰레기의 양이 감소되고, 식물의 광합성을 통해 메탄과 이산화탄소를 흡수함으로써 온실가스 배출도 줄일 수 있어요.

생각이 쑤욱

7 멸종된 동물 복원을 놓고 찬반 논란이 뜨거운데, 자신의 입장을 정한 뒤 1분 30초 동안 주장해 보세요.

찬성 근거	반대 근거
멸종 동물을 복원하면 생물의 다양성을 유지할 수 있지. 멸종 원인을 밝히면, 생물의 진화가 어떻게 이뤄졌는지도 알 수 있고, 빙하기에 살아 남은 동물에게서 신약 개발의 실마리도 찾을 수 있다.	멸종 동물을 복원하면 생태계에 혼란을 줄 수 있어. 복원할 때 불완전하고 위험한 동물이 나타나거나, 완전하게 복원되더라도 다시 멸종할 수도 있지. 복원에 드는 비용이 큰 것도 문제야.

내 입장

▲남아프리카에서만 살았던 파란 영양은 인간이 멸종시킨 대표적 동물이다.

머리에 쏘옥

멸종 동물 복원 논란

▲1993년 개봉된 미국 영화 '쥬라기 공원'(감독 콜린 트레보로우)의 한 장면. 공룡을 복원한 뒤 겪는 소동을 다뤘다.

과학자들이 매머드 등 멸종된 동물의 복원 연구에 매달리고 있습니다.

멸종 동물을 복원하면 생물의 다양성을 유지할 수 있기 때문이지요. 그리고 멸종 원인을 밝혀 내면, 생물의 진화가 어떻게 이뤄졌는지 알 수 있고, 빙하기에 살아남은 동물에게서 신약 개발의 실마리를 찾을 수도 있다고 합니다. 무엇보다 인간 때문에 멸종된 동물을 되살릴 의무가 있다고 말합니다.

반대하는 사람들은 멸종 동물을 복원하면 생태계에 혼란을 일으킬 수도 있다고 말합니다. 복원 과정에서 불완전하고 위험한 동물이 나타날 가능성도 있고, 완전하게 복원되더라도 다시 멸종할 수도 있지요. 그리고 멸종된 동물 복원에 들이는 돈을 지금 생존한 동물을 보호하는 데 쓰는 것이 더 효과적이라는 주장도 있습니다.

8 책에서 소개한 과학 기술 가운데 한 가지를 사례로 들어, 미래 과학 기술의 발전이 가져올 긍정적인 면과 부정적인 면을 설명하세요(400~500자).

> 전문가들은 인공 지능(AI)의 발전이 궁극적으로 인류의 삶을 풍요롭게 할 것이라는 예측을 내놨다. 단, AI의 발전이 가져올 장점 못지않게 단순 노동을 위한 일자리가 줄고, AI를 비윤리적으로 활용할 경우 걷잡을 수 없는 피해를 일으킬 수 있다는 문제점도 제기되고 있다. 이 때문에 AI의 기술 발전과 함께 AI 활용의 윤리적 지침을 마련하고, 단순 노동을 대체할 새로운 일자리를 만들기 위한 노력이 함께 이뤄져야 한다는 게 전문가들의 말이다.
>
> <신문 기사 참조>

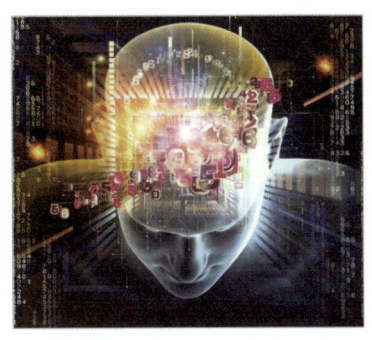

▲인공 지능 기술의 발달은 사람들의 생활을 바꾸고 있다.

| 03 과학 | 사람은 왜 미생물과 공존해야 하는가 |

『우리 생활 속의 숨은 일꾼 작은 생물 이야기』
지태선 외 지음, 미래아이 펴냄, 152쪽

 줄거리

 미생물을 '균류'와 '원생생물', '세균'으로 나누어 설명했다. 균류에서는 버섯과 곰팡이, 효모 등이 인류의 식생활에 미친 영향을 보여 준다. 원생생물에서는 식물 특성을 지닌 조류, 동물 특성을 지닌 편모충과 섬모충, 포자충 등을 소개한다. 버섯이나 다시마를 왜 미생물로 분류하고, 곰팡이가 어째서 꼭 필요한 존재인지 등의 정보도 담겨 있다. 세균에서는 지구에 산소를 만들어 수많은 생명체의 탄생을 가능하게 한 고마운 세균부터 독을 뿜는 세균까지 다양한 세균 정보를 실었다.

본문 맛보기

질병도 일으키지만 의약품 원료로도 쓰여

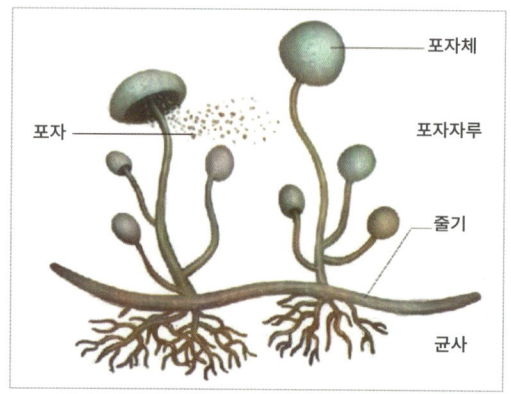

▲곰팡이의 구조.

(가)장마철 벽지나 식탁에 둔 귤과 식빵, 냉장고의 고무 패킹, 화장실의 타일 사이 등 여러 곳에서 거뭇거뭇한 곰팡이를 볼 수 있지. 곰팡이는 생각보다 생활 주변 곳곳에 다양한 모습으로 살고 있어. 곰팡이는 사람의 몸에도 살고 있단다. 비듬이나 무좀이 바로 곰팡이가 몸에 살면서 일으키는 질병이야. 만지기만 해도 몸이 오염될 것 같은데, 그런 곰팡이가 몸에 살고 있다니 말이야. 하지만 이런 편견이 곰팡이 입장에서는 억울하지. 곰팡이는 약이나 음식을 만드는 데도 사용되는 등 생활 곳곳에 유용하게 쓰이고 있거든. 사람을 죽일 정도로 무서운 곰팡이도 있지만 말이야. (42~43쪽)

효모는 음식과 연료를 만드는 데도 쓰여

▲효모를 발효시켜 만든 빵.

(나)효모는 포도주나 빵을 만들 때 꼭 필요한 미생물이야. 하지만 이것은 효모의 대표적인 역할 가운데 하나일 뿐이야. 효모는 식량으로 활용될 정도로 영양가가 높을 뿐 아니라, 몸도 튼튼하게 한단다. 소화 기능도 향상시키고 면역력도 강하게 해 줘. 효모 속의 단백질과 비타민 등은 두뇌 기능도 더 높여 주지. 효모는 음식과 건강 식품, 항암 치료제를 넘어 천연 에너지까지 이용 영역이 넓어지고 있단다. 최근 주목을 받는 바이오매스 에너지는 에탄올을 사용한단다. 사탕수수나 옥수수의 효모를 사용해 대량으로 발효시켜 만들지. 에탄올은 환경 오염을 일으키는 물질이 화석 연료보다 덜 나와서 좋아. (61, 72~73쪽)

미역 등 조류도 곰팡이처럼 포자로 번식

(다)미역이나 다시마, 파래 모두 식물이 아니고 원생생물의 한 종류인 조류야. 원생생물은 핵을 가진 단세포 생물을 말한단다. 조류는 광합성을 하지만 식물과 달리 뿌리, 줄기 잎의 구분이 없고 꽃이나 열매도 맺지 않아. 그리고 곰팡이처럼 포자로 번식하지. 바다가 빨갛게 변하는 적조의 범인은 바로 와편모조류란다. 와편모조류는 광합성을 할 수 있는 엽록소 외에도 붉은색이나 황색 등의 색소를 갖고 있단다. 그런데 바닷물에 먹잇감이 많이 생기거나 수온이 오르면 와편모조류가 갑자기 증가하는데, 이 때문에 적조가 나타나는 거야. (77~78, 83쪽)

▲미역 등 조류는 광합성을 통해 영양분을 얻지만, 곰팡이처럼 포자로 번식한다.

짚신벌레는 이분법으로 개체 수 늘려

(라)짚신벌레는 몸 전체에 나 있는 짧은 털(섬모)을 이용해 움직이지. 이렇게 움직이는 원생생물을 섬모충이라고 해. 놀라운 사실은 짚신벌레가 다시 젊어질 수도 있다는 거지. 짚신벌레는 문장의 마침표 크기 정도로 몸집이 작은데, 이 작은 몸이 둘로 번식하는 이분법으로 개체 수를 늘린단다. 두 개의 다른 짚신벌레가 일시 결합해 유전자를 교환하며 젊어지는 거지. 알렉산드로스 대왕(재위 기원전 336~기원전 323)과 칭기즈칸(재위 1206~27)이 모기 때문에 죽었다는 견해가 유력해. 정확하게 말하면 모기가 옮긴 말라리아 병원충이라는 원생생물 때문이야. 이들이 눈에 보이지도 않는 미생물 때문에 죽을 거라고 누가 상상이나 했겠어. (91, 99~100쪽)

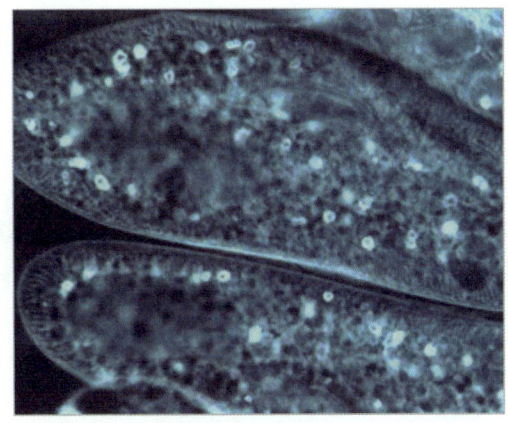
▲짚신벌레는 섬모를 앞뒤로 빠르게 움직여 원하는 방향으로 이동한다.

남세균 없다면 지구에 생명체도 없었을 것

▲남세균의 화석인 바닷속 스트로마톨라이트. 고운 모래 같은 퇴적물을 내놓아 층을 만들면서 산소를 내뿜는다.

(마)남세균은 지구에 가장 먼저 나타난 생명체로 알려져 있단다. 남세균이 없었다면 지구에 더 이상의 생명체는 생기지 않았을지도 몰라. 남세균 덕분에 동식물이 생긴 거거든. 남세균은 특이하게 식물이 아닌데도 광합성을 한단다. 햇빛과 바닷물 속의 이산화탄소를 흡수해 산소를 내뿜었지. 세균은 약 30억 년 전부터 유전자 조작을 했단다. 서로 갖고 있는 유전자를 마음대로 바꾼 거지. 그래서 세균의 종류는 셀 수도 없을 만큼 많단다. 대장균은 사람의 몸에 없으면 안 되는 세균이야. 대장에서 살면서 장에 나쁜 세균이 자라지 못하게 지키는 역할을 하지. (107~108, 110, 112쪽)

사람 몸에는 세균이 10조 마리 넘게 살아

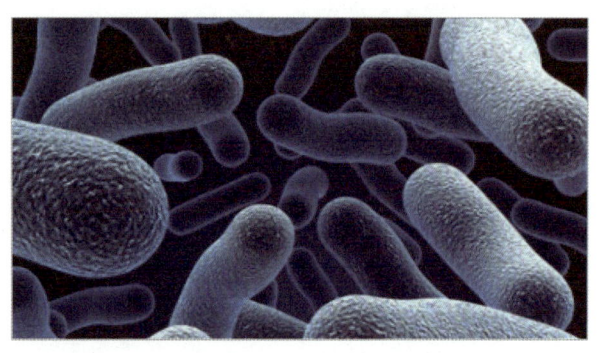
▲사람 몸은 무수한 세균이 사는 생태계이다.

(바)사람의 몸에는 10조 마리의 세균이 살고 있지. 10조 마리의 세균 대다수는 장에 살지만, 헬리코박터 파일로리는 특이하게 위에 사는 나선 모양의 세균이란다. 입안은 세균이 살기에 딱 좋은 곳이어서 350여 종의 세균이 살고 있단다. 페스트는 온몸이 검게 변하면서 죽기 때문에 흑사병이라고도 불러. 페스트균이 기생하는 벼룩에 물리면 사람에게도 감염되는 전염병이지. 페스트는 병이 생기고 500년이 지나 치료법이 개발됐어. 그 전에는 치료법이 없었기 때문에, 무기로 사용되기도 했단다. (133, 136, 140~141쪽)

생각이 쑤욱

1 분해 역할을 하는 미생물이 없으면 사람들의 생활 주변이 어떻게 바뀔지 생각해 보세요.

2 세균과 원생동물, 곰팡이가 일으키는 질병을 각각 한 가지만 들고, 그 질병을 예방할 수 있는 방법을 제시하세요.

머리에 쏘옥

분해자 역할을 하는 미생물

분해자는 죽은 생물을 분해해 다른 생물이 이용할 수 있도록 하는 생물을 말해요. 분해자 역할을 하는 생물은 버섯과 곰팡이, 세균 등이 있어요.

분해자가 분해한 물질은 흙속의 양분이 됩니다. 이에 비해 생산자는 분해자가 만들어 낸 양분을 이용해 필요한 영양분을 섭취합니다.

▲버섯은 주로 죽은 나무를 양분으로 삼아 서식한다.

미생물과 질병

질병을 일으키는 미생물에는 세균, 원생동물, 곰팡이 등이 있습니다.

세균은 콜레라와 결핵, 파상풍, 식중독 등을 일으킵니다. 음식물을 먹거나 숨을 쉴 때, 또는 다른 사람과 접촉할 때 걸릴 수 있습니다.

원생동물은 곤충을 통해 사람 몸에 들어와 말라리아 등 병을 일으킵니다.

곰팡이에 감염되면 피부염이나 무좀에 걸릴 수 있습니다. 피부에 묻어 번식하거나, 포자가 호흡 기관 또는 소화 기관을 통해 몸속으로 들어와 병을 일으킵니다.

생각이 쏘옥

3 오늘 먹은 음식을 모두 밝히고, 그 가운데 미생물을 이용해 만든 것을 분류하세요.

	오늘 먹은 음식	미생물을 이용해 만든 음식
아침		
점심		
저녁		

4 미생물을 이용해 만든 바이오플라스틱 제품은 몇 주 만에 썩기 때문에 환경 오염 문제를 해결할 수 있습니다. 이처럼 미생물을 이용해 환경도 지키고 돈도 벌 수 있는 제품의 아이디어를 한 가지만 말해 보세요.

▲바이오플라스틱으로 만든 포크와 나이프, 숟가락.

머리에 쏘옥

미생물을 이용해 만드는 발효 식품

발효 식품은 유산균이나 효모 등 미생물을 이용해 만듭니다.

발효된 식품은 원래 재료에 없는 영양소가 보태져 영양이 풍부하고 맛도 좋지요.

콩을 발효해 만드는 된장이나 고추장, 간장 등은 곰팡이를 이용합니다.

김치나 젓갈, 식초 외에 유제품인 치즈나 요구르트도 유산균을 이용한 발효 식품입니다. 유산균은 부패균 등 나쁜 미생물이 자라지 못하게 합니다.

▲유산균을 발효시켜 만드는 김치.

바이오플라스틱과 미생물

일반 플라스틱 쓰레기의 경우 짧게는 수십 년부터 길게는 수백 년까지 썩지 않습니다. 그래서 처리에 골머리를 앓고 있습니다.

기존의 플라스틱 제품은 대개 석유에서 얻는 원료로 만듭니다. 이러한 문제를 해결하려고 만든 제품이 '썩는 플라스틱'입니다.

과학자들은 흙이나 물속에 있는 미생물에 의해 분해되는 물질을 이용해 바이오플라스틱을 만들었지요. 바이오플라스틱 쓰레기는 몇 주 만에 썩는답니다.

생각이 쑤욱

5 대장균은 대장 이외의 부위에 있으면 질병을 일으키기 때문에 대장균을 무조건 나쁘게 생각하는 사람들이 있습니다. 대장균의 역할을 사례로 들어 이러한 사람들의 오해를 풀어 주세요.

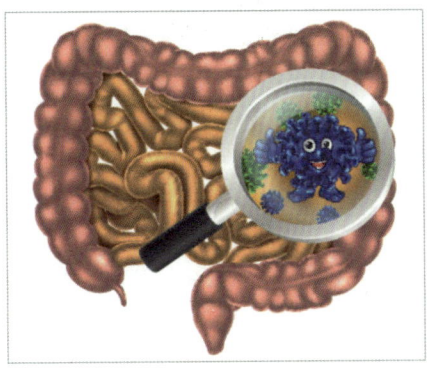

▲대장에 사는 대장균.

6 사람을 공격하는 무기로 미생물을 사용한 과거 사례를 예로 들어, 미생물을 악용할 경우의 위험성을 경고하세요.

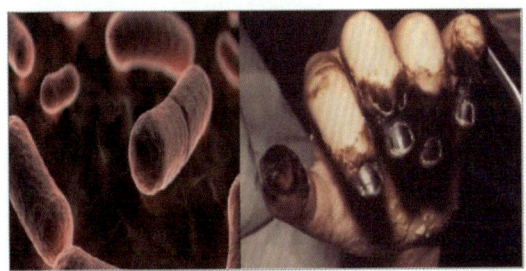

▲현미경으로 본 페스트균(왼쪽 사진)과 흑사병에 걸린 사람의 손. 흑사병 환자는 손발과 얼굴 등 피부가 검게 변하고, 심하면 죽는다.

머리에 쏘옥

대장균의 이로움

대장균은 사람이 소화시킬 수 없는 음식도 소화할 수 있도록 돕습니다. 사람이 사용하는 에너지의 10%는 장에 사는 미생물이 음식물을 소화시켜 만든 것입니다.

대장균은 몸에 필요한 비타민도 만들어요. 예를 들면 피가 날 때 피를 굳게 하는 비타민 K를 만들지요.

역사를 바꾼 페스트균

몽골군은 1347년 흑해 연안 도시에서 카파성을 두고 제노바(1005~1797)의 군대와 공방전을 벌입니다. 제노바는 이탈리아 서북부 해안에 있었던 국가로, 당시 카파성을 지배했지요. 그러다 몽골군이 꾀를 내어 페스트에 걸려 죽은 시신을 모아 적진을 향해 날리지요.

시신 공격을 받은 제노바의 군대는 시신을 모아 한적한 곳에 버렸습니다. 그런데 시신들을 헤집고 다니던 쥐의 몸에서 붙어 살던 쥐벼룩들이 페스트균에 감염되었습니다.

얼마 뒤 성 안에서 쥐벼룩에 물린 사람들이 고열에 시달리다 며칠 만에 죽고 말았어요. 이렇게 원인 모를 재앙은 유럽 전역으로 빠르게 퍼졌어요. 그리고 몇 년 만에 유럽 인구의 3분의 1인 약 2500만 명이 흑사병에 걸려 숨졌답니다.

생각이 쑤욱

7 아래 제시문을 참고해 항생제를 필요 이상으로 복용하면 안 되는 까닭을 설명하세요.

> 세균은 항생제를 계속 쓰면 항생제가 작용할 수 없게 자기 몸의 구조를 바꾸는 등으로 생존 방법을 찾는다. 이렇게 되면 모든 항생제를 써도 살아남을 수 있는 슈퍼박테리아가 탄생한다. 슈퍼박테리아는 면역력이 떨어진 사람의 몸에 들어가면 여러 감염 증세를 일으켜 생명을 위태롭게 만든다.
>
> <신문 기사 참조>

머리에 쏘옥

항생제를 함부로 복용하면 안 되는 까닭

항생제는 사람의 몸에서 병을 일으키는 세균을 없애기 위해 만들었습니다. 1929년 영국의 미생물학자 플레밍(1881~1955)이 세계 최초의 항생제인 페니실린을 개발했지요. 페니실린은 푸른곰팡이를 이용해 만든 항생제로, 몸에 들어와 건강에 나쁜 영향을 끼치는 세균을 없앱니다.

그런데 항생제를 지나치게 복용하면 몸에 유익한 미생물까지 함께 죽일 수 있습니다.

▲플레밍

생각이 쑥쑥

8 사람이 미생물과 공존해야 하는 까닭과 공존 방법을 논술하세요(400~500자).

세균이 해롭다고 모조리 없애면 모든 감염병이 사라질 수는 있다. 하지만 소나 양 같은 초식동물은 내장 안에 살면서 식물의 섬유질을 분해하는 미생물이 사라지면 굶어 죽는다. 세균을 통해 에너지를 얻는 해양 생물도 멸종한다. 사람은 다른 동물들보다는 더 오래 버틸 수는 있다. 그러나 인체의 노폐물이 분해되지 않을 것이다. 동물과 농작물이 모두 사라지면서 먹이사슬도 무너지기 때문에 사람도 결국 멸종한다.

<신문 기사 참조>

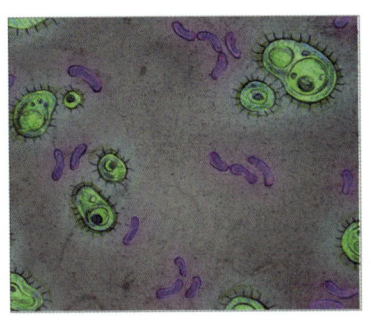

▲현미경으로 본 내장 속 미생물.

04 경제

경제의 중요성을 배워요

『이야기에서 건진 경제
아기 돼지 삼 형제가 경제를 알았다면』
박원배 지음, 열다 펴냄, 184쪽

 **줄거리**

경제의 개념과 원리를 국내외 전래 동화와 명작, 탈무드 등 옛이야기를 이용해 풀어 냈다. 각 이야기에 담긴 재화와 용역, 자원과 생산, 소득과 소비, 합리적 선택 등의 경제 원리를 이해하기 쉽게 설명했다. 경제를 배운 아기 돼지 삼 형제가 얼마나 멋진 집을 지었을지, 경제를 안 농부가 황금 알을 낳는 거위를 살려서 얼마나 큰 부자가 되었을지 등 옛이야기를 경제라는 새로운 관점에서 바라보고 해석했다. 40인의 도둑들이 '금융'의 원리를 알고 은행 금고를 활용했다면 어떻게 되었을지도 분석했다. 세상을 살아가려면 꼭 배워야 할 경제에 흥미를 북돋는다.

본문 맛보기

경제는 재화와 서비스를 생산-소비-분배하는 활동

(가)생산은 사람들에게 필요한 재화와 서비스를 새로 만들거나 그 가치를 높이기 위한 모든 활동(유통, 보관, 판매 등)을 말합니다. 기업에서 자동차를 만들고, 선생님이 학생을 가르치고, 아버지가 상점을 경영하는 일도 모두 생산에 속하죠. 그리고 사람들은 돈을 벌어 필요한 재화나 서비스를 구입해 사용하면서 만족을 얻으며 살아갑니다. 이처럼 자신의 만족을 얻기 위해 필요한 것을 사는 행위를 소비라고 합니다. 생산 활동에 노동력, 땅과 건물, 돈을 대고 그 대가로 각각 임금, 임대료, 이자와 배당금 등을 받습니다. 이처럼 생산 활동에 참가한 대가를 받는 것을 분배라고 합니다. (16쪽)

(나)돼지 삼 형제가 집을 짓기로 한 것은 생산 활동입니다. 큰형이 선택한 지푸라기와 둘째가 선택한 통나무는 자연 상태에서 쉽게 얻을 수 있는 재료입니다. 큰형은 낮잠을 자기 위해, 둘째는 먹기 위해 멀리 가지 않고 쉽게 얻을 수 있는 자원을 선택했지요. 하지만 늑대의 입김, 주먹과 발길질 한 방에 집은 무너졌고, 두 돼지는 위험에 빠지고 말았습니다. 반면에 막내 돼지는 벽돌집을 지었어요. 천연 자원이 아니라 흙벽돌이라는 인공 재료를 이용했던 것이죠. 흙벽돌은 흙을 다져서 틀에 넣은 뒤 따뜻한 햇볕과 바람에 말려야 완성할 수 있습니다. (26쪽)

▲경제는 재화와 서비스를 생산, 소비, 분배하는 활동이다.

본문 맛보기

재화와 용역은 생활을 편리하게 해 줘

(다)재화란 책, 자동차, 장난감, 게임기처럼 눈으로 볼 수 있거나 손으로 만질 수 있는 물건을 뜻합니다. 집 안, 거리, 학교, 도서관 등 우리가 생활하는 장소에는 전부 다 재화가 있어요. 일부 공짜로 얻을 수 있는 것도 있지만 거의 모든 재화는 돈을 내야 살 수 있습니다. 이런 재화는 대부분 희소성을 갖고 있지요. 용역은 서비스라고도 합니다. 서비스는 '생산과 소비에 필요한 노동력을 제공하는 일', '대가를 지불해야만 이용할 수 있는 형태가 있는 상품'을 말합니다. 용역은 상품을 만들어 내는 사람은 있지만 그 상품은 형태가 없어 볼 수 없어요. (52~53쪽)

(라)생산의 3요소를 기준으로 정승댁 며느리가 된 처녀의 이야기를 다시 살펴볼까요? 남자 종은 산에서 나무를 해다 팔았습니다. 남자 종의 활동에서 토지는 산속의 나무, 노동은 평소 갈고 닦은 나무하는 기술과 나무를 제값 받고 판매하는 능력으로 볼 수 있습니다. 자본은 나무를 하는 데 필요한 도끼, 나뭇짐을 나르는 데 필요한 지게 등을 꼽을 수 있지요. 여자 종과 처녀는 빨래를 가져다 깨끗하게 빨아 주고 옷을 수선하는 서비스 활동을 했어요. 그녀들의 생산 요소는 빨래를 하는 데 쓴 물, 빨래하는 기술, 빨래와 바느질을 하는 데 사용한 각종 도구를 들 수 있습니다. (61~62쪽)

▲생산의 3요소인 토지와 노동, 자본은 상품의 값을 결정한다.

본문 맛보기

교환을 쉽고 편리하게 하는 화폐

(마)귀금속 화폐와 달리 단순히 종이에 잉크와 문자, 그림을 인쇄하여 만든 지폐는 자체로는 아무 가치가 없지만, 그만한 가치를 부여하는 '약속'의 증서로 쓰이게 되었어요. 이런 것을 '명목 화폐'라고 부른답니다. 화폐는 약속이라고 했지만 아무 것이나 화폐라고 약속할 수는 없어요. 화폐가 되려면 운반이 편리해야 하고, 오랫동안 변하지 않아야 하며, 또 작은 금액으로도 거래할 수 있어야 하고, 희소성이 있어야 합니다. 누구나 쉽게 구할 수 있는 것을 화폐로 정한다면 너무 흔해서 화폐의 가치가 없게 됩니다. (116쪽)

(바)두 사람 사이에 이루어지는 교환을 나라 사이의 교환으로 확대한 것이 바로 '무역'입니다. 무역은 나라와 나라 사이에 상품이나 서비스를 사고파는 일을 말합니다. 무역은 수출과 수입으로 구성됩니다. 수출은 한 나라의 물건이나 서비스 등을 다른 나라에 판매하고 돈을 받는 것이며, 수입은 다른 나라에게 재화나 서비스를 사서 가져 오는 것을 말합니다. 나라 사이에 서로 물건을 사고파는 무역의 장점은 아주 많습니다. 자기 나라에서 필요하다고 해서 모든 것을 스스로 생산하려는 것은 경제적으로 비효율적입니다. 경쟁력이 없다면 포기하고 그보다 경쟁력이 있는 분야에 한정된 자원을 투입해 경쟁력을 키우는 것이 더 현명한 선택일 것입니다. (182~183쪽)

▲경쟁력이 없는 제품은 무역을 통해 확보하면 경제적으로 이익이다.

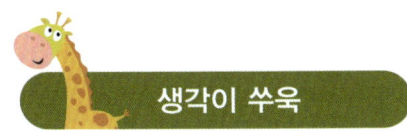

생각이 쏘옥

1 사람이 생활하는 집이나 거리, 학교, 도서관 등에는 모두 다 재화가 있어요. 어떤 재화가 있는지 아는 대로 들어보세요.

장소	재화의 종류
집	
거리	
학교	
도서관	

머리에 쏘옥

생산의 3요소

생산 활동을 하는 데 필요한 토지, 노동, 자본을 생산의 3요소라고 합니다.

토지란 땅, 공기, 물, 광물, 산림, 수산물 등 자연에서 얻는 모든 것을 말합니다. 천연 자원이라고도 하지요.

노동은 재화와 서비스를 생산하는 데 들어가는 사람의 노력을 말하지요.

자본은 사람이 이미 만들어 낸 것으로, 다른 재화나 서비스를 생산하는 데 다시 사용되는 공장, 기계와 설비, 건물, 돈 등을 말합니다.

2 '정승댁 며느리가 된 처녀 이야기'에서 지혜로운 처녀는 세 명의 생산자를 활용해 한 달 동안 배불리 먹고 돈까지 벌며 시험에 통과해 정승댁 며느리가 됩니다. 생산의 3요소를 기준으로 '정승댁 며느리가 된 처녀 이야기'를 정리해 보세요.

	남자 종	처녀와 여자 종
토지 (천연 자원)		
노동 (사람의 노력)		
자본 (기계, 재료 등)		

생각이 쑤욱

3 '아기 돼지 삼 형제 이야기'에서 돼지 삼 형제가 집을 지었습니다. 첫째는 지푸라기로, 둘째는 나무로, 셋째는 벽돌로 집을 짓지만 결국 셋째의 벽돌집만 늑대의 침입을 막아 냅니다. 왜 이렇게 다른 결과가 나타난 걸까요?

4 아래 제시한 글에서 허생이 부자가 될 수 있었던 까닭을 밝히고, 허생이 돈을 번 방법이 어떻게 잘못되었는지 지적하세요.

> 돈을 빌린 허생은 대추와 밤, 감 등 온갖 과일을 모조리 두 배의 값으로 사들였다. 그리고 과일을 팔지 않고 기다렸다. 허생이 과일을 몽땅 사들였기 때문에 온 나라가 잔치며 제사를 못 지낼 형편에 이르렀다. 과일 값은 하루하루 올라갔다. 과일 장수들은 허생에게 열 배의 값을 주고 과일을 되사가게 되었다. 허생은 가만히 앉아서 엄청난 이익을 남겼다.

▲매점매석을 하면 시장 질서가 무너져서 손해를 보는 소비자가 많다.

머리에 쏘옥

합리적인 선택

경제 주체들은 항상 크고 작은 선택을 해야 합니다.

생산자는 무엇을 어떻게 생산할지, 판매자는 무엇을 얼마에 팔지 선택해야 합니다. 소비자는 어떤 물건을 얼마에 살지 선택해야 하지요.

이처럼 각자에게 주어진 자원을 가지고 최대한의 만족을 얻을 수 있는 결정을 내리는 것이 '합리적인 선택'입니다. 한마디로 비용을 최소로 들이고 최대한의 만족을 얻는 선택을 말하지요.

독점과 과점

어떤 상품을 개인 또는 기업이 경쟁자 없이 혼자 공급하는 것을 독점이라고 해요. 몇몇 사람 또는 기업만 공급하는 것은 과점이라고 하지요.

독과점 시장에서 소비자는 필요한 물건을 제때 사지 못하거나 더 높은 값을 지불해야 살 수 있어요. 독과점 기업들의 경우 다른 기업들이 시장에 새로 들어오지 못하게 막고, 더 많은 이윤을 얻기 위해 생산량을 줄이거나 가격을 높게 정하기 때문이죠. 경쟁 상대가 없기 때문에 품질을 높이기 위한 노력도 게을리 할 수 있지요.

정부는 법을 만들어 독과점 기업들의 이러한 횡포를 막는답니다.

생각이 쑥쑥

5 화폐는 '약속의 증서'라고 했어요. 하지만 돈을 마구 찍어 내면 어떻게 될지 예를 들어 설명하세요.

▲돈을 마구 찍어 내면 돈의 가치가 떨어져 물건 값이 오른다.

6 '티끌 모아 태산'이라는 말이 있어요. 저축의 중요성을 강조한 속담이죠. 저축해야 하는 이유를 설명하세요.

☞ '티끌 모아 태산'은 아주 작은 먼지나 티끌이 모여 작은 언덕을 이루고, 나중에는 큰 산을 이룬다는 뜻이다.

▲적은 금액을 저축하면 큰돈이 모이고, 은행은 그 돈을 기업에 빌려줄 수 있다.

머리에 쏘옥

돈이 발명되지 않았다면

화폐가 없었다면 사람들은 재산을 모으기도 곤란했을 것입니다. 풍년이 들었는데 농부가 창고에다 수확한 쌀을 쌓아 둔다고 생각해 보세요. 비가 오면 썩고, 날이 더우면 벌레가 생겨 풍년이 들어도 소용이 없겠지요. 하지만 돈으로 바꿔 보관하면 몇 년을 둬도 썩거나 벌레가 생겨 손해를 보는 일은 없을 것입니다.

돈이 만들어지지 않았다면 자급자족 또는 물물교환 상태에 머물러 경제가 발전하지 못했을 수도 있습니다. 매우 단순한 경제활동만 이뤄지고 거래도 활발하게 일어나지 못하기 때문이죠.

▲돈이 만들어지지 않았다면 경제가 발전하지 못했다.

생각이 쑤욱

7 무역은 나라와 나라 사이에 물건이나 서비스를 사고파는 일을 말합니다. 나라들 사이의 무역은 왜 필요할까요?

▲우리나라는 석유가 나지 않지만 반도체를 수출하고, 그 돈으로 석유를 수입할 수 있다.

머리에 쏘옥

무역의 필요성

무역은 나라 사이에 필요한 물건이나 서비스를 사고팔고 교환하는 일을 말합니다. 기술과 자본의 이동까지 포함합니다.

무역이 필요한 이유는 각 나라마다 가진 자원이나 기술이 다르기 때문입니다. 어떤 나라는 자원이 아주 많지만 기술이 부족해 좋은 제품을 만들 수 없고, 어떤 나라는 기술은 있지만 자원이 부족하기도 하지요.

무역을 통해 자기 나라에 없거나 부족한 것을 수입해 문제를 해결할 수 있어요. 또 상품을 수출해 벌어들인 외화로는 국력을 튼튼하게 할 수 있지요. 상품의 수출입은 경제적 효과 외에 외교나 문화 교류에도 기여합니다.

▲무역을 하면 품질 좋은 제품을 싸게 살 수 있다.

8 어린이도 경제를 공부해야 하는 까닭을 설명하고, 경제 지식을 익히려면 어떻게 해야 할지 아이디어를 내 보세요(400~500자).

> 사람들이 매일 생활하려면 음식과 옷은 물론 공부하는 데 필요한 책과 학용품 등 여러 가지 물건이 필요하다. 운동용품이나 장난감도 자주 접하는 물건이다. 이처럼 살아가는 데 필요한 물건을 재화라고 한다. 하지만 필요한 재화를 모든 사람이 필요한 만큼 다 가질 수는 없다. 재화가 한정되어 있고, 비용을 지불해야 하기 때문이다. 갖고 싶은 것을 다 가질 수 없기 때문에 무엇을 사고 무엇을 사지 말아야 할지 선택을 해야 한다. 따라서 현명하고 합리적인 판단을 내리려면 경제 지식이 필요하다.
>
> <기획재정부 제공>

▲합리적인 선택을 하려면 경제를 알아야 한다.

05 경제
공동체 정신 되살려야 모두가 행복해져

『다른 동네? YES! 우리 동네? NO!
지역이기주의 님비 현상』

노지영 지음, 뭉치 펴냄, 124쪽

 **줄거리**

수호는 두리시에 산다. 수호 엄마는 아파트 단지 옆에 장례식장과 쓰레기 소각장이 들어설 계획이라는 소식을 듣고 놀란다. 그 뒤 수호 엄마는 반대 시위에 참여한다. 그리고 수호 엄마는 수호의 이모가 쓰레기 소각장이 들어설 후보지 가운데 하나인 새별시로 이사한다고 하자 적극 말린다. 이모는 소각장이 들어서면 좋은 점을 설명하며 엄마를 설득한다. 결국 새별시와 두리시에 소각장과 매립장을 각각 나눠서 짓기로 결정되고, 주민들을 위한 편의 시설도 함께 짓기로 한다. 쓰레기 소각장을 반대하던 엄마도 설명회와 공청회에 참여해 여러 사람들의 의견을 듣고 타협하면서 공동체의 이익을 위해 찬성으로 돌아선다.

장례식장 들어선다고 하자 반대 시위 벌여

▲지역 주민들이 기피 시설을 반대하는 시위를 하고 있다.

(가) "우리는 장례식장 건립을 반대한다!" 가슴에 붉은 띠를 두른 엄마가 큰 소리로 외치고 있었어. 리포터는 우리 동네에 장례식장이 들어설 곳을 소개하고 주민들의 반대로 일의 진행이 늦어지고 있다고 말했지. "저희는 장례식장이 들어서는 걸 반대합니다. 자라나는 아이들의 교육에도 좋지 않고, 주거 환경에도 도움이 될 게 없으니까요." 진행자는 지방자치단체에서 아주 오랫동안 검토하고 계획한 중요한 사업들이 주민들의 지역이기주의 때문에 무산될 위기에 놓여 있다고 말했지. 주민들의 반대 의견을 더 폭넓게 수용하지 못한 것은 아쉬운 일이지만, 무턱대고 반대만 하는 것도 성숙한 시민의 자세가 아니라고 말이야. (16, 24쪽)

필요한 시설이지만 우리 동네에 들어서는 건 반대

▲지역 주민들이 장례식장이 필요한 건 알지만 우리 동네에는 안 된다고 반대하고 있다.

(나) "장례식장이 들어서는 걸 반대하는 거랑 장애인 시설이 들어서는 걸 반대하는 거랑 같아요? 어떻게 둘 다 똑같은 지역이기주의로 몰아세울 수가 있어? 나는 집값이 떨어질까 봐 반대하는 게 아니에요. 장례식장 앞을 매일 지나다니는 게 우리 애들에게 좋을 게 있겠어요?" 엄마의 열변을 멈추게 한 건 늦은 저녁에 울린 초인종이었어. "수호 엄마, 늦었는데 미안해요. 쓰레기 소각장 문제 말이야. 그거 반대 서명 받고 있거든." "그렇게 중요한 문제에 밤낮이 어디 있어요. 그나저나 정말 큰일이네. 쓰레기 소각장이 새별시에 건설되는 걸로 결정이 나야 할 텐데 말이에요." (31~32쪽)

본문 맛보기

요즘엔 혐오 시설도 친환경적으로 지어

(다) 이모가 주방 안으로 들어가며 말했어. "언니! 우리 이사해." "설마 새별시는 아니지?" "맞아. 새별시 두레동으로 갈 거 같아." "어머 얘가 미쳤어. 그쪽으로 쓰레기 소각장이랑 매립장이 들어설 거야." "언니, 요즘 그런 시설은 예전과 많이 달라. 친환경적으로 만들지 않으면 어디에도 건설하기가 힘들어. 나도 좀 알아봤는데, 별 문제가 없어 보이더라고." 쓰레기 소각장과 매립장을 어디에 짓느냐를 놓고 두리시와 새별시가 오랫동안 갈등을 빚어

▲자기 이익만 위해 혐오 시설을 반대하면 공동체의 발전에는 걸림돌이 될 수 있다.

왔다고 했어. 그건 분명 필요한 시설이었지만 주민들이 싫어하는 혐오 시설이었기 때문에 유치를 찬성하는 사람은 거의 없었지. (46~49쪽)

기피 시설을 주민들이 좋아하게 바꿔

(라) 쓰레기 소각장이 새별시가 아닌 우리 두리시에 들어서게 될 거라는 발표가 났다. "사실 오늘 설명회에 다녀오니 무턱대고 반대만 하는 것도 좋은 건 아닌 것 같더라고요. 새별시와 두리시가 매립지랑 소각장을 사이좋게 나눠 짓기로 했나 봐요." 엄마가 준 홍보물에는 큰 제목으로 '두리시 환경과학공원 유치 주민 설명회'라고 적혀 있었어. 조감도에는 조깅 코스와 실내 수영장이 포함된 체육센터, 어린이 놀이터, 생태공원과 과학관 등이 자리하고

▲강원도 홍천의 친환경에너지타운은 기피 시설을 주민들이 좋아하게 바꾼 대표적인 사례다.

있었어. "요즘에는 그렇게 친환경 공간으로 만든대. 우리가 상상하던 혐오 시설이 아닌 거야." 나는 엄마가 무조건 반대하다가 왜 마음이 바뀌었는지 알 것 같았어. (69~72쪽)

본문 맛보기

의견 충돌이 최소화할 때까지 협의해야

▲주민 대다수가 찬성해도 갈등이 최소화할 때까지 계속 협의하고 조정해야 한다.

(마)엄마는 아빠에게서 신문을 받아서 꼼꼼히 읽어 보셨어. "장례식장이 혐오 시설이라 주민들이 싫어하는데, 그걸 무턱대고 비난만 할 수 없다는 거지. 그래서 다른 방안을 검토 중인데, 무슨 건강증진센터나 무슨 종합병원으로 바꾸자는 거지. 사람들은 자기 동네에 종합병원이나 건강증진센터 같은 시설이 들어오는 것은 싫어하지 않거든. 그런 건 오히려 유치를 환영하는 핌피 시설로 본단다." 대다수의 주민이 찬성한다고 모든 게 해결된 건 아니었어. 크고 작은 의견 충돌은 어디서든 계속되는 것 같았거든. 교통이나 주차 등 다른 문제도 서로 협의하고 합리적인 방향으로 조율하는 게 중요하다고 했지. "민주주의 사회에서는 누구든 의견을 제시하고 주장할 권리가 있어. 엄마도 시위를 통해 그 권리를 행사한 거지, 누구랑 싸우자고 시위한 건 아니란다." (85~90쪽)

의견 다양해도 서로 타협해야 공존할 수 있어

▲민주주의 사회에는 다양한 의견이 있지만, 타협해야 공존할 수 있다.

(바)엄마는 확실히 예전과 달라졌어. 엄마가 이런 위대한 결심을 하기까지는 시위 현장을 쫓아다니는 것만큼이나 바쁜 시간을 보내야 했지. 쓰레기 소각장 건설과 관련된 설명회, 전문가들의 이야기를 듣는 공청회, 주민과의 대화 등 무슨 정보든 하나라도 놓치지 않으려고 빠짐없이 나갔어. "저기 모인 사람들도 엄마처럼 언젠가는 마음이 바뀔 수 있을까요?" "수호야, 사람들의 다양한 의견이 공존하는 게 민주주의 사회의 특징이야. 엄마는 처음에는 반대했다가 여러 의견을 듣고 서로 대화하고 타협해서 지금은 반대하지 않지. 하지만 매립장이 들어서고 주민들 건강에 악영향이 우려된다면 문제를 해결하기 위해 또 나설 거야." (98~99쪽)

생각이 쑤욱

1 (가)에서 장례식장 건립 계획이 주민들의 반대에 부닥치지 않으려면 지방자치단체가 어떻게 했어야 하나요?

▲장례식장 등 기피 시설은 도시 건설 단계부터 예정 부지를 미리 정해 공개하는 것이 좋다.

2 (나)에서 수호 엄마는 장례식장과 장애인 시설을 반대하는 것이 똑같은 지역이기주의가 아니라면서, 장례식장이 들어서는 것을 거부하고 있습니다. 똑같은 지역이기주의가 아니라는 수호 엄마의 주장을 반박해 보세요.

머리에 쏘옥

기피 시설을 주민 반대 없이 지으려면

기피 시설을 지을 때는 도시 건설 단계부터 지을 곳을 지정해 공개하면 주민 반대를 최소화할 수 있습니다. 그 지역은 이미 기피 시설 예정지임을 알기 때문에 부동산 값에 미리 반영되고, 그 시설이 싫은 사람들은 피하기 때문입니다.

나중에 기피 시설을 지어야 할 경우, 부지 선정 과정에 주민들을 적극 참여시켜 소통을 거듭하면서, 친환경 시설로 한다든지 혐오감을 줄이는 방안 등을 놓고 합의를 다져야 합니다.

지역이기주의

지역이기주의는 자신이 속한 지역의 이익만 추구하고, 사회 전체의 이익은 외면하는 태도를 말합니다.

장례식장이든 장애인 복지시설이든, 반대하는 사람들의 이유는 자기네 이익에 맞지 않기 때문입니다. 따라서 장애인 복지시설보다 장례식장이 더 기피 대상이라는 논리는 바르지 않습니다. 다른 지역들이 선호하는 영화관도 거부하는 지역이 있습니다.

생각이 쑥쑥

3 (다)에서 수호 이모가 쓰레기 소각장과 매립장이 들어서는 새별시 두레동으로 이사하려는 까닭을 환경적인 면과 경제적인 면에서 추측해 보세요.

▲충남 아산시 환경과학공원은 쓰레기 소각장 위에 만든 친환경 생태 공원이다.

4 (라)에서 새별시와 두리시는 처음 계획과 달리 소각장과 매립장을 서로 나눠 짓고 공동으로 사용하기로 했습니다. 두 지역이 이처럼 '환경 빅딜'을 통해 얻을 수 있는 장점을 모두 말해 보세요.

▲자치단체들끼리 협력하면 기피 시설 문제도 해결하고 예산 낭비도 줄일 수 있다.

머리에 쏙쏙

쓰레기 소각장의 변신 '아산 환경과학공원'

충남 아산시는 2011년 쓰레기 소각장을 지하에 건설하고, 그 위에 친환경 생태 공원을 만들었습니다. 공원에는 장영실과학관과 아산생태곤충원 등을 조성했습니다. 그리고 전망대에 오르면 아산 시내를 한눈에 내려다볼 수 있어 주민들의 사랑을 받고 있습니다.

입장료 수입의 일부는 지역의 발전을 위해 쓰입니다. 게다가 쓰레기를 태워 얻은 에너지를 공원 시설에 사용한다고 합니다.

지역 간 환경 빅딜의 장점

새별시와 두리시는 환경 빅딜을 통해 님비 문제를 해결했어요. 환경 빅딜이란 환경 관련 시설과 기술 등을 서로 교환하는 것을 말합니다. 두리시에는 쓰레기소각장을 좀 더 넓게 건설하고, 이웃인 새별시에는 매립장을 좀더 크게 만드는 것이지요. 그리고 두리시에서 나오는 매립용 쓰레기는 새별시로 보내고, 새별시에서 생기는 소각용 쓰레기는 두리시로 보내 처리합니다.

그럼 각자 매립장과 소각장을 짓는 데 들어가는 땅을 한꺼번에 사서 건설하는 것보다 비용을 줄일 수 있지요. 또 쓰레기 매립과 소각에 관련된 기술도 더 전문적으로 발전시킬 수 있어 환경 오염도 줄일 수 있습니다.

이렇게 절약한 예산은 두 도시의 복지나 교육에 드는 비용으로 사용할 수 있지요.

생각이 쏘옥

5 (바)에서 수호 엄마가 예전과 달리 쓰레기 소각장 건설을 반대하다가 찬성으로 돌아선 까닭을 설명해 보세요.

▲님비 시설을 지으려면 지방자치단체가 지역 주민 설명회를 열어 꾸준히 설득하는 일이 중요하다.

6 민주주의 사회가 발전하려면 대화와 타협을 통한 공존이 필수적인 까닭을 한 가지 사례를 들어 설명하세요.

머리에 쏘옥

대화와 타협은 민주 사회의 공존 열쇠

국가나 사회 공동체는 수많은 개인과 단체, 지역들로 구성됩니다. 따라서 서로의 이익이 충돌하고, 사익과 공익이 충돌해 갈등이 일어날 수 있습니다.

그런데 어느 한쪽의 이익만 강조하면 남에게 피해를 주거나 공동체에 해를 끼치게 됩니다.

그렇다고 공익만 지나치게 강조하면 개인 또는 어느 한 집단의 이익과 자유가 침해됩니다. 이렇게 되면 결국 개인과 공동체가 모두 발전하지 못하고 불행해질 수밖에 없습니다. 어느 한쪽이 일방적으로 이익을 독차지하면 안 된다는 얘기지요.

따라서 사익과 공익의 조화를 이루려면 대화와 타협을 통해 서로 이익을 나눠 가져서 공존하는 지혜가 필요합니다.

▲지역이기주의를 극복하려면 양보와 타협이 필요하다.

생각이 쑤욱

7 요즘 노인 돌봄 시설이나 장애인을 위한 특수학교 등 사회적 약자를 위한 시설을 기피하는 지역이 많습니다. 아래 글을 참고해 사회적 약자들을 위한 시설을 배려해야 하는 까닭을 설명하세요.

어느 정원에 멋진 삼나무가 다른 나무들과 어울려 살고 있었다. 삼나무는 계절이 바뀔 때마다 쑥쑥 자라 다른 나무의 키를 훌쩍 넘어섰다. 자신의 아름다움에 우쭐해진 삼나무가 주인에게 말했다. "저 호두나무 좀 없애 주세요." 그러자 주인은 호두나무를 베어 냈다. "저 사과나무도 없애 주세요." 그러자 사과나무도 잘려 나갔다. 이렇게 나무가 하나씩 없어지더니 삼나무 주위의 나무들이 모두 사라졌다. 어느 날 사나운 바람이 불어 닥쳤다. 삼나무는 긴 뿌리로 땅을 꽉 붙잡고 겨우 버텼다. 하지만 함께 바람을 막아 줄 다른 나무들이 없었다. 바람은 바로 삼나무에게 몰아쳤다. "쿵!" 하고 마침내 삼나무는 땅에 쓰러지고 말았다.

▲삼나무는 키가 40미터까지 자란다.

머리에 쏘옥

프랑스의 '솔리다리테'

프랑스어 '솔리다리테'는 연대 의식을 말합니다. 프랑스 사람들은 연대 의식을 사회 정의 실현에 필요하며, 이를 사회적 의무와 같다고 여깁니다.

파리의 지하철역은 12~3월 사이에는 문을 내리지 않습니다. 노숙자들이 따뜻한 지하철역 안에서 밤을 보낼 수 있도록 하기 위한 배려지요. 사회보호센터의 특수 차량들은 매일 밤거리를 돌며 노숙자들을 데려다 음식과 공동 숙소를 제공합니다. 저소득층도 사회적 부를 공유하도록 하기 위함이지요.

프랑스에는 300만 명의 실업자가 있지만, 정작 배가 고프게 사는 사람은 없다고 합니다. '누구나 소외 계층이 될 수 있으니 모두 함께 살자'는 연대 의식을 바탕으로 서로 돕기 때문이지요.

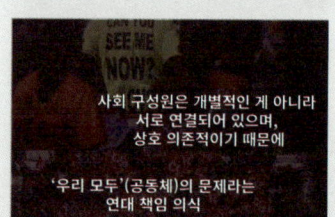
▲프랑스의 솔리다리테.

생각이 쑤욱

8 민주주의 사회에서 갈등을 해결하는 데는 무엇보다 공동체 정신이 필요합니다. 아래 기사를 참고해 공동체 정신을 회복하기 위한 방법을 구체적인 사례를 들어 제시하세요(400자~500자).

> 한 온라인 커뮤니티에 '퇴근하고 오니 문 앞에 메모가 있네요.'라는 제목의 게시물이 올라왔다. 글쓴이 A씨는 "요즘 층간 소음 때문에 이웃 간 분쟁이 많은데, 저희 아파트 위층에서 포도랑 메모를 문 앞에 남겨 놨다."며 한 장의 사진을 올렸다. 사진에는 위층에서 남긴 편지와 포도 상자의 모습이 담겨 있었다. A씨가 공개한 편지에는 "요즘 들어 저희 아이가 부쩍 많이 뜁니다. 주의를 주는데도, 아이인지라 그때뿐이어서 죄송합니다. 얼굴을 직접 뵙고 인사드리는 게 예의이지만, 오늘 저녁에 두 번 내려갔는데, 집에 계시지 않아 부득이 메모로 대신 인사드립니다."라고 적혀 있었다.
> <신문 기사 참조>

▲층간 소음을 해결하려면 이웃을 배려하는 공동체 정신이 필요하다.

06 문화 | 새 단어가 사전에 실리기까지의 과정 그려

『프린들 주세요』
앤드루 클레먼츠 지음, 사계절 펴냄, 154쪽

줄거리

5학년인 닉은 기발한 생각을 잘한다. 담임 선생님인 그레인저는 단어 사전 찾기를 늘 숙제로 낸다. 닉은 선생님을 골탕 먹이려고 궁리한다. 그러다 언어는 사람들끼리의 약속이라는 말에 아이디어를 얻어 펜을 '프린들'(Frindle)이라고 부르기 시작한다. 그레인저 선생님은 학교에서 프린들이란 단어를 쓰지 못하게 한다. 하지만 이 말은 유행처럼 퍼져 결국 사전에도 실린다. 어른이 된 닉은 그레인저 선생님의 편지를 받는다. 편지에는 선생님이 프린들이란 말을 금지한 까닭은, 닉이 그 말을 일부러 퍼뜨릴 것으로 믿어 그랬다고 적혀 있었다.

모든 단어는 사회적 약속으로 만들어져

▲나라마다 '개'를 부르기로 한 약속이 달라서 개를 부르는 말도 다르다.

(가)그레인저 선생님은 낱말을 배울 때는 정확한 뜻을 아는 것이 중요하다며 사전을 숭배하다시피 했다. 닉은 손을 번쩍 들고 "'개'라는 말이 꼬리를 흔들며 왈왈 짖는 동물을 뜻한다고 누가 정했나요?"라고 물었다. 그레인저 선생님은 "너와 나와 이 학교와 이 나라의 모든 사람이 그렇게 약속한 거야."라고 대답했다. 그리고 사람들이 개를 다른 이름으로 부르기로 정하면, 나중에는 사전에도 그 이름이 오르게 된다고 했다. 선생님은 새 낱말을 만들어야 할 때도 있지만, 사전에 있는 낱말은 다 이유가 있다고 덧붙였다. (22~23, 50~52쪽)

펜을 '프린들'이라고 부르자 선생님이 금지

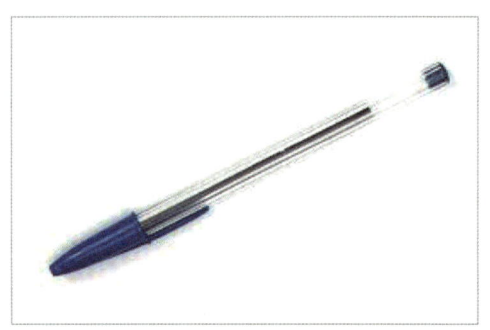

▲닉과 친구들은 펜을 '프린들'로 부르기로 약속했다. 하지만 문구점 아주머니는 그 약속을 몰라 알아듣지 못했다.

(나)자넷이 펜을 떨어뜨리자, 닉은 펜을 집어 주며 '자, 프린들.'이라고 말했다. 닉에게 기발한 생각이 떠올랐다. 닉과 친구들은 차례로 문구점에 들러, 아주머니에게 펜을 가리키며 '프린들'을 달라고 말했다. 엿새째 되는 날, 아주머니는 '프린들을 달라'는 말에 펜을 주었다. 닉과 친구들은 영원히 펜을 프린들이라고 부르기로 맹세했다. 학교에 프린들에 대한 소문이 퍼졌고, 아이들도 이 낱말을 좋아했다. 그레인저 선생님은 프린들이란 말을 사용하면 반성문을 쓰게 하겠다고 으름장을 놓았다. 닉은 이것이 선생님과 자신의 전쟁이라고 느꼈다. (53~70쪽)

본문 맛보기

금지할수록 더욱 퍼져 지방 신문에도 실려

(다)선생님은 닉을 불러 사물의 이름에는 그럴 만한 이유가 있다고 설명했다. 닉도 프린들이란 이름에는 그럴 만한 이유가 있다고 맞섰다. 선생님은 설득에 실패하자 편지 한 통을 보여 주며 일이 마무리되면 주겠다고 말했다. 선생님은 학생들이 프린들을 쓰면 벌을 주었다. 그런데 너무 많은 학생이 벌을 받자 학부모들이 항의했다. 교장 선생님이 닉의 집에 들러 문제를 일으키지 말라고 경고했다. 그 사이 프린들은 지방 신문에까지 실렸고, 중고등학생들도 쓰기 시작했다. 이 바람에 닉은 온 마을 아이들의 영웅이 됐다. (72~104쪽)

▲선생님은 닉에게 전하고 싶은 말을 편지에 적었다고 했다.

낱말과 언어에는 규칙과 역사가 있어 존중해야

(라)전국 방송에서 프린들 소동을 취재하러 학교에 왔다. 그레인저 선생님은 낱말과 언어에는 규칙이 있고, 그 규칙에는 납득할 만한 역사가 있다는 사실을 어린이들이 배워야 한다고 강조했다. 그리고 훌륭한 낱말을 버리고 재미로 지어낸 말을 쓰는 유행을 못마땅하게 말하며, 아직 자신은 싸움에서 지지 않았다고 했다. 닉은 기자의 질문에 "재미있는 것은요, 프린들이란 말은 제가 만들었지만 이제는 제 것이 아니라는 사실이에요."라고 대답했다. 닉은 프린들은 이제 모든 사람의 말이니까, 그것이 어떻게 될지 함께 생각해 볼 문제라고 했다. (110~115쪽)

▲닉과 선생님은 각자 방송 인터뷰에서 프린들에 대한 자신의 생각을 밝혔다.

> 본문 맛보기

보통 낱말처럼 '프린들'을 거부감 없이 사용

▲프린들이란 말이 유행하자 누구나 거부감 없이 쓰게 되었다.

(마)프린들이란 말이 뉴스를 타고 전국으로 퍼져 나가면서 '프린들'이라고 쓴 셔츠와 학용품이 날개 돋친 듯 팔렸다. 그리고 이 물건을 판 돈의 일부는 닉에게 들어와서 부자가 되었다. 시간이 지나자 프린들은 '문'이나 '모자'처럼 보통의 낱말이 되었고, 사람들도 아무렇지 않게 프린들을 사용했다. 그레인저 선생님은 프린들이란 말을 써도 화를 내거나 아이들에게 벌을 주지 않았다. 닉은 자신이 일으킨 소동에 의기소침해졌지만, '네가 잘못한 게 없으며, 너는 멋진 생각을 했다.'는 선생님의 말에 기운을 차렸다. (117~124, 136~137쪽)

새로운 낱말 만들어 쓰는 닉의 실험 도와

▲닉이 만든 '프린들'은 표준어로 인정을 받아 사전에도 실렸다.

(바)어른이 된 닉에게 사전과 편지 등이 든 선생님의 소포가 도착했다. 편지에는 '프린들'이 사전에 실렸다고 적혀 있었다. 그리고 선생님이 학생들에게 새로운 낱말이 어떻게 사전에 실리는지 설명할 때 프린들을 찾아보게 한다고 했다. 소포에는 선생님이 10여 년 전 닉에게 보여 주었던 편지도 담겨 있었다. 선생님은 사실 세상이 끊임없이 변하고 새로운 것이 생기면서 사전도 변화한다는 사실을 가르치고 싶었다고 전했다. 그래서 닉의 시도를 의미 있는 실험으로 보고, 스스로 악역을 맡았다고 했다. 결국 선생님이 닉의 실험을 성공하도록 도운 것이었다. (145~149쪽)

생각이 쑤욱

1 사전이 없을 경우 일어날 수 있는 문제점을 아는 대로 들어 보세요.

▲사전은 표준어를 모아 각각의 뜻과 발음, 사용법, 단어가 생긴 근원 등을 적어 놓은 책이다.

2 (가)에서 그레인저 선생님이 말씀하신 '낱말을 새로 만들어야 할 때'를 아는 대로 말해 보세요.

▲컴퓨터가 발명되기 전에는 '컴퓨터'라는 말이 없었다.

머리에 쏘옥

낱말을 새로 만들어야 할 때

기술이 발전하면서 새로운 물건이 생기면 새 이름이 붙습니다. 이 물건이 사람들에게 널리 쓰이면 사전에도 실리지요.

국립국어원의 표준국어대전에는 '스마트폰'이라는 단어가 실려 있습니다. '휴대 전화에 여러 컴퓨터 지원 기능을 추가한 지능형 단말기. 사용자가 원하는 응용 프로그램을 설치할 수 있는 것이 특징'이라고 풀이말이 적혀 있지요. 그러나 만들어진 지 얼마 되지 않은 '내비게이션'이나 '자율주행자동차', '드론' 같은 단어는 실려 있지 않습니다.

인권 의식이 높아지면서 차별이나 편견이 들어간 말 대신 새로 생기는 말도 있습니다. 벙어리장갑을 '손모아장갑'이라고 하거나, 결손 가정을 '한부모가정'이라고 부르는 것이 그 예입니다.

▲'무선 전파로 조종하는 무인 항공기'를 나타내는 드론은 새로 생긴 지 얼마 되지 않아 아직 사전에 실리지 않았다.

생각이 쑤욱

3 (다)에서는 '프린들'이 '펜'이라는 단어만큼 사회적으로 힘을 얻어 가는 과정(사회성)에서 신문(미디어)의 역할이 나타나 있습니다. 프린들 소동이 지역 신문에 어떻게 났을지 육하원칙에 맞춰 정리해 보세요.

4 (라)에서 그레인저 선생님은 훌륭한 낱말을 버리고 재미로 지어낸 말을 쓰는 유행을 못마땅하게 생각했습니다. 닉의 입장에서 구체적인 사례를 들어 선생님의 태도를 비판하세요.

▲유행어는 비교적 짧은 시기에 사람의 입에 오르내리는 말인데, 그 시대의 사회나 문화의 모습을 담아 내는 특성이 있다.

머리에 쏘옥

언어의 특성

언어에는 기호성과 자의성, 사회성, 규칙성, 역사성, 창조성 등 6가지 특성이 있습니다.

기호성이란 '발에 신는 물건'을 '신발'이라는 한글 문자로 표기하듯, 어떤 내용을 일정한 기호로 표시할 수 있는 특성을 말합니다. 그런데 신발을 영어 문자로는 'shoes'(슈즈)라는 기호로 표현합니다. 이처럼 '발에 신는 물건'이라는 내용은 같아도, 언어마다 각자의 기호로 표시할 수 있는 특성을 자의성이라고 합니다.

언어는 또 사회 구성원끼리 '신발'이라고 표시하기로 약속한 이상, 개인이 마음대로 바꿀 수 없는 특성이 있지요. 이를 사회성이라고 합니다.

하지만 실제로 하이힐(굽이 높은 신발)처럼 지금 사용하는 언어가 과거에는 없는 예도 있고, '곶'이 '꽃'으로 바뀌었듯 과거와 달리 언어가 변하기도 합니다. 이처럼 시간이 지나면서 변화하는 특성이 역사성입니다.

언어는 규칙에 맞게 써야 하는 규칙성도 있습니다. 예를 들어 '나는 신발이 신는다'는 규칙에 맞지 않는 표현이어서 의사 소통이 안 됩니다. 그리고 언어의 규칙성을 이용하면 신발에 관련된 문장을 원하는 만큼 만들 수 있는데, 이를 창조성이라고 합니다.

생각이 쑤욱

5 (마)에서 '프린들'이란 말이 거부감 없이 쓰이는 까닭과 새로 생긴 말이 사전에 실리려면 어떤 조건을 갖춰야 하는지 이야기해 보세요.

▲새로 생긴 단어가 사람들에게 오랫동안 널리 쓰이면 사전에 실릴 수 있다.

6 (바)에서 그레인저 선생님은 세상이 끊임없이 변하기 때문에 언어와 사전도 바뀌어야 한다고 말합니다. 사회의 변화에 따라 언어가 바뀌어야 하는 까닭을 구체적인 사례를 들어 제시하세요.

머리에 쏘옥

신조어가 표준어로 인정받기 위한 조건

신조어란 시대의 변화에 따라 새로운 물건(또는 현상)을 표현하려고 새롭게 만든 말을 뜻합니다.

국립국어원에 따르면 2005~2006년에 유행하던 신조어 938개 가운데 10년이 지나도 계속 사용된 단어는 26%인 250개로 나타났습니다.

신조어가 사전에 실리려면 그 말이 특정한 집단에만 속해 있지 않고 일반인에게도 널리 쓰여야 합니다. 또 5년 넘게 거부감이 없이 사용되어야 사전에 올릴지를 심사할 수 있는 자격이 생깁니다.

언어가 변하지 않으면 어떻게 될까

사람은 언어를 통해 생각합니다. 따라서 언어가 없으면 동물처럼 사고의 폭이 좁아질 수밖에 없습니다.

언어가 변하지 않으면 옛날 사람들과는 의사 소통이 잘 될 수 있을 것입니다. 하지만 새로운 사물이나 현상을 새로운 언어로 표현하지 못해 설명을 길게 해야 하는 불편이 따릅니다. 이렇게 되면 언어 생활이 빈곤해지고, 사회와 문화가 발전하기 어렵습니다.

생각이 쑤욱

7 아래 글의 뒷이야기를 지어 보세요. (나)에서 닉이 펜을 '프린들'로 부른 것처럼, 개인이 사전에 나온 단어를 자기 마음대로 바꿔 쓰면 안 되는 까닭이 드러나도록 합니다(1분 30초 분량).

> 한 남자가 책상을 책상이라 부르고 침대를 침대라 부르는 것에 의문을 느끼고 침대를 '사진'이라 부르기 시작했다. 그리고 의자는 '시계'로, 옷장은 '신문'이라고 각각 불렀다. 책상은 '양탄자'라고 불렀다. 그 남자는 아침마다 신문에서 옷을 꺼내 입고 시계에 앉아 일을 했다. 남자는 자신의 방에 있는 물건의 이름을 모두 새로 붙이고, 원래 쓰던 이름은 잊어버렸다.

▲책상을 책상으로 불러야 하는 까닭은, 언어가 사회적 약속이기 때문이다.

머리에 쏘옥

단어를 자기 마음대로 바꿔 쓰면 일어나는 일

개인이 사전에 있는 단어를 자기 마음대로 바꿔 쓰면 다른 사람과 의사 소통이 어렵게 됩니다. 따라서 다른 사람에게 어떤 일을 시키거나 설명할 때 바꾼 단어마다 사전에 있는 말을 일일이 표시해야 합니다. 설명이 없으면 시계를 의자로 생각하고 주문했는데, 의자가 오지 않고 진짜 시계가 배달됩니다.

직장에서 일할 때도 동료들이 상대방의 말을 이해하지 못해 업무를 보기 어렵습니다. 자칫 잘못하면 계약이 잘못되어 손해를 보고, 다툼도 일어날 수 있지요.

닉이 펜을 프린들로 바꿔 불렀듯, 단어 하나만 그럴 경우 시간이 지나면서 문구점 아주머니처럼 알아들을 수 있습니다. 하지만 사람마다 자기 마음대로 단어를 바꿔 사용하면 혼란이 일어나고, 사회 발전도 어렵습니다.

7번에 예시된 남자처럼 자기 혼자 단어를 마음대로 바꿔 부른다면 다른 사람들과 의사 소통이 안 돼 왕따를 당합니다. 그리고 나중에는 외톨이가 되어 혼자 살 수밖에 없습니다.

생각이 쑤욱

8 인터넷에서는 '득템'이나 '인싸'와 같은 신조어가 많이 만들어지고 있습니다. 아래 기사를 참고해 인터넷에서 신조어가 유행하는 까닭과, 신조어가 유행하면서 생기는 장단점을 설명하세요(400~500자).

> 인터넷 신조어란 인터넷과 스마트폰의 사용이 늘면서 의사 소통을 빨리 하려고 단어를 합성하거나 줄여 만든 말이다. 주로 젊은층에서 많이 사용하는데, 짧은 표현으로도 감정을 효과적으로 전달할 수 있고, 같은 말을 쓰는 사람들끼리 친근감을 느끼게 한다. 그러나 지나친 줄임말이나 문법에 맞지 않는 표현이 많아서 바른말을 익히는 데 방해가 된다. 그리고 신조어를 모르는 사람들에게는 어색함과 소외감을 느끼게 만든다. 욕설이나 상대를 비하하는 표현이 섞인 사례가 많아서 다른 사람의 기분을 나쁘게 할 수도 있다.
>
> <신문 기사 참조>

▲인터넷 신조어 사용을 놓고 우리말을 해친다는 주장과 우리말을 풍요롭게 한다는 주장이 맞선다.

07 기타 독재를 막으려면 시민의 역할이 중요

『동물 농장』
조지 오웰 지음, 보물창고 펴냄, 176쪽

 줄거리

인간들 때문에 비참하게 생활하던 동물들이 혁명을 일으켜 농장 주인 존스를 몰아낸다. 하지만 나폴레옹이라는 돼지가 동물 농장을 차지하면서 돼지들의 독재가 시작된다. 나머지 동물들은 대처를 제대로 하지 못하고 끌려다닌다. 독재자가 된 나폴레옹은 동물들을 혁명 전보다 더 심하게 착취하고, 몰아냈던 인간들과 다시 교류하면서 자기네 배를 채우기에만 바쁘다. 처음 만들었던 규칙인 칠 계명까지 바꾸면서 자신의 횡포를 정당화하고, 동물들을 착취 대상으로 이용한다.

본문 맛보기

폭동 일으켜 인간을 몰아내자고 선동

▲메이저 영감은 동물들을 모아 놓고 인간을 몰아내자고 말한다.

(가)동물들은 존스 씨가 자러 간 다음 모두 큰 헛간에 모이기로 했다. 메이저 영감은 농장에서 존경을 가장 많이 받는 어른이기 때문에 동물들은 기꺼이 그의 이야기를 들으려고 했다. "살면서 터득한 지혜를 여러분에게 전하는 것이야말로 내 임무라고 생각합니다. 동물의 삶이란 비참한 노예 생활이나 다름없지요. 우리는 왜 비참한 상태에 계속 머무르는 걸까요? 우리가 생산한 대부분을 인간에게 빼앗기기 때문입니다. 인간이야말로 우리의 적이지요. 인간을 이 농장에서 추방합시다. 그러면 우리가 굶주리며 힘들게 일하지 않아도 되지요. 인간을 몰아내면 우리가 거둔 것은 우리 것이 될 것입니다. 폭동을 일으킵시다." (6, 9~12쪽)

인간 몰아내고 농장 차지한 뒤 칠 계명 만들어

▲동물들은 글자를 배우고, 동물주의 원리도 만들었다.

(나)동물이 난동을 부린 적은 한 번도 없었다. 채찍으로 때리며 마음껏 부려 먹던 동물이 갑자기 반란을 일으키자 존스 씨와 일꾼들은 혼이 빠질 지경이었다. 존스 씨는 쫓겨났고, 메이너 농장은 동물 차지가 되었다. 동물들은 농장에 존스 씨가 남긴 혐오스러운 통치의 흔적을 지우기 시작했다. 문의 맨 꼭대기 빗장에 쓰인 '메이너 농장'을 없애고, 그 자리에 '동물 농장'이라고 썼다. 돼지들은 연구를 거듭한 끝에 동물주의 원리를 '칠 계명'으로 요약하는 데 성공했다. 이 칠 계명은 앞으로 동물 농장에 사는 모든 동물이 따라야 할 불변의 법칙이 될 것이다. 그중 일곱 번째는 '모든 동물은 평등하다.'였다. (25~31쪽)

본문 맛보기

똑똑한 돼지들이 농장의 모든 일 결정

(다)돼지들은 다가올 봄철을 준비하며 작업 계획을 세우는 데 몰두했다. 돼지들은 다른 동물보다 똑똑했기 때문에 농장 일에 관한 모든 결정은 돼지들이 거의 도맡았다. 나폴레옹과 스노우볼이 벌인 논쟁 가운데 가장 거센 의견 충돌을 불러일으킨 주제는 풍차였다. 동물들은 두 파로 나뉘었다. 벤자민만 풍차를 만들면 식량이 풍부해질 것이라는 말과 일

▲나폴레옹과 스노우볼은 풍차 건설을 놓고 대립했다.

손을 덜어 줄 것이라는 말 가운데 어느 쪽도 믿으려 들지 않았다. 풍차가 있든 없든 언제나 그랬듯 삶은 고통스러울 것이라고 했다. 스노우볼을 곁눈질하던 나폴레옹이 고성을 질렀다. 이 소리를 신호로 개들이 스노우볼에게 곧장 달려들었는데, 그 뒤 더 이상 스노우볼의 모습은 보이지 않았다. (55~62쪽)

자기네 이익 챙기려고 규칙까지 바꿔

(라)나폴레옹은 모임이 불필요하고 시간 낭비라며 없애겠다고 말했다. 대신 앞으로 모든 일은 '돼지특별위원회'에서 결정할 것이라고 했다. 나폴레옹은 일요일 오후에도 일을 해야 하며, 이제부터 동물 농장은 이웃 농장들과 거래하게 될 것이라고 말했다. 동물들은 불안감을 느꼈다. 인간들과 어떤 거래도 하지 말 것, 장사하지 않을 것 등 이 모든

▲돼지들은 자신들의 이익을 챙기려고 규칙까지 바꿨다.

것이 존스를 쫓아 낸 뒤 승리를 거둔 첫 번째 모임에서 결정한 내용이 아니었던가? "동지 여러분, 그런 결정을 기록한 걸 갖고 있기라도 합니까? 그게 어디에 쓰여 있습니까?" 동물들은 자신이 잘못 알았겠거니 생각하며 고개를 끄덕였다. (63,72~74쪽)

자신을 희생해 모든 동물이 행복해지길 바라

▲복서는 자신이 희생하면 모든 동물이 행복해질 것이라고 생각해 열심히 일하다 쓰러졌다.

(마)나폴레옹은 동물들에게 죄를 고백하라고 윽박질렀다. 자백한 동물은 즉각 도살되었다. 복서가 말했다. "이런 일이 우리 농장에서 일어났다는 게 믿기지 않아요. 우리에게 뭔가 문제가 있는 게 틀림없어요. 더 열심히 일하는 것밖에 해결책이 없어요." 그러고는 채석장으로 향했다. "복서가 쓰러졌어요." 마당에는 복서를 데리고 갈 커다란 마차가 있었다. "저 마차 옆에 뭐라고 쓰여 있는지 알아? 말 도살자." 동물들은 공포에 떨며 비명을 질렀다. 스퀼러는 동물들에게 예전에 말 도살업자가 쓰던 마차를 수의사가 구입했는데, 미처 옛 이름을 지우지 못해 그대로 있었다고 말했다. 이야기를 들은 동물들은 비로소 안심이 되었다. (92~95, 126~133쪽)

돼지들이 인간 모습 닮아 가 구분하기 어려워

▲돼지들은 자신들이 몰아냈던 인간과 교류하면서 인간을 닮아 갔다.

(바)돼지와 개들을 제외한다면 사실 농장 동물들의 삶은 아무것도 나아지지 않았다. 문이 열리고 돼지들이 줄지어 나왔는데 모두 두 다리로 걷고 있었다. 클로버는 벤자민을 큰 헛간에 칠 계명이 쓰여 있는 곳으로 데리고 갔다. "벤자민, 칠 계명이 예전과 똑같은가요?" 그곳에는 단 하나의 계명을 제외하고는 아무것도 없었다. 그것은 다음과 같았다. '모든 동물은 평등하다. 그러나 몇몇 동물은 다른 동물보다 더 평등하다.' 동물들은 사람과 돼지가 함께 있는 곳을 들여다보았다. 바깥에 있던 동물들은 돼지에서 인간으로, 인간에서 돼지로 시선을 옮겨 가며 살펴보았다. 그러나 누가 인간이고 누가 돼지인지 구별하기란 불가능했다. (150~155쪽)

생각이 쏘옥

1 동물들이 반란을 일으켜 농장에서 인간을 몰아낸 까닭은 무엇인가요?

2 모든 동물이 함께 살면서 협업하는 동물 농장에서는 어떤 기준으로 수확물을 나눠야 '모든 동물은 평등하다.'고 자신들이 정한 규칙에 맞을지 예를 들어 설명하세요.

☞ 동물 농장에는 힘이 센 동물도 있고, 힘이 약한 동물도 있습니다.

▲누군가 일을 하지 않고 권력을 통해 이익을 얻으면 평등하다고 할 수 없다.

머리에 쏘옥

동물들이 꿈꾸는 동물 농장

동물들은 '모든 동물은 평등하다.'는 이념 아래 칠 계명을 만든 뒤, 함께 생산하고 분배하는 이상적인 농장을 꿈꿉니다. 하지만 돼지들에게 권력이 쏠리면서 돼지들만 이익을 얻게 되지요.

평등한 세상을 만들려면 수확물을 공평하게 나누는 일도 중요하지만, 일을 더 많이 한 동물에게 더 많은 이익이 돌아가게 하는 일도 중요하답니다. 그리고 일할 능력이 없는 동물도 먹고 살게 해 줘야 합니다.

공산주의 독재를 비판한 『동물 농장』

이 책은 1917년 옛 소련에서 일어난 '러시아 혁명'을 바탕으로 쓴 소설입니다. 옛 소련 사람들은 혁명을 일으켜 독재를 일삼던 왕과 귀족을 몰아내고 새로운 나라를 세웠지요.

고통을 당하던 국민들은 새로운 나라에서 행복하게 살 수 있을 거라는 기대감에 부풀었죠. 하지만 곧 공산주의자인 스탈린(1879~1953)이 등장해 독재를 하기 시작합니다. 스탈린은 힘으로 사람들을 억누르고 권력을 마구 휘둘렀습니다.

이 책에는 스탈린의 독재 정치에 대한 작가의 비판이 담겨 있습니다. 나아가 좋은 공약을 내걸고 혁명을 일으키지만 나중에는 이를 지키지 않은, 모든 혁명을 비판했습니다.

생각이 쑥욱

3 유일한 기록이었던 '칠 계명'조차 조작되어 동물들이 기억하는 내용과 달라집니다. 공동체를 유지하기 위해 만들었던 법이나 규칙이 누군가의 이익을 위해 바뀌면 어떤 문제가 생길지 동물 농장의 예를 들어 설명하세요.

▲ '칠 계명'이 조작되어 동물을 다스리는 수단으로 이용되었다.

4 (라)에서 나폴레옹은 혁명 이후 계속 열었던 동물 회의를 폐지하고, 똑똑한 돼지들이 모든 일을 결정한다고 발표합니다. 돼지들만 모여 의사를 결정할 경우 어떤 문제점이 생길지 지적하세요.

머리에 쏘옥

동물 농장 '칠 계명'

동물 농장 '칠 계명'은 동물들이 지켜야 할 수칙을 적어 놓은 것이지요. 하지만 칠 계명은 점점 교묘하게 바뀌어 권력자들이 자기 권력을 유지하는 수단으로 이용됩니다. 이렇게 공동체를 유지하기 위해 만든 규칙을 누군가의 이익을 위해 바꾸면, 그 집단에 속해 있는 다른 구성원들이 피해를 봅니다. 또 공동체에 대한 신뢰가 무너져 사회 질서가 혼란에 빠질 수 있지요.

독재 정치의 해로움

나폴레옹은 동물 회의를 하지 않고 모든 결정은 돼지들이 한다고 발표합니다. 이렇게 돼지들만 모여 의사를 결정하면 돼지들에게만 이로운 결정이 이루어지고, 다른 구성원들은 자신의 목소리를 낼 수 없게 됩니다.

결국 독재가 심해져 다른 동물들은 더 큰 고통을 당하고, 피지배층으로 살아갈 수밖에 없습니다.

생각이 쑤욱

5 복서는 처음 혁명을 일으켰을 때와 달리 혁명 정신이 나쁘게 바뀌는 과정을 지켜보면서도 무조건 권력을 따르며 복종합니다. 독재를 막으려면 구성원들이 바른 목소리를 내는 일이 중요한 까닭을, 복서의 예를 들어 설명하세요.

머리에 쏘옥

우매한 국민을 대변하는 '복서'

복서는 우직하고 충성스러운 동물입니다. 처음 혁명을 일으켰을 때의 정신이 돼지들에게만 이익이 되게 변질되는 과정을 지켜보지요. 그리고 "나폴레옹은 항상 옳다."라고 말하면서 부패한 권력을 돕는 꼴이 되고 맙니다.

힘이 센 복서가 문제 상황을 파악하고 바른 목소리를 냈다면 나폴레옹의 독재를 막을 수도 있었을 것입니다. 그리고 복서 자신도 희생만 당하다가 말 도살장으로 끌려가는 일을 당하지는 않았을 것입니다.

6 (마)의 밑줄 친 부분에서 스퀼러는 잘못된 정보를 이용해 동물들을 안심시킵니다. 우리 사회에서도 과거 이처럼 언론을 조작해서 국민을 선동하기도 했습니다. 언론 조작의 문제점을 지적하세요.

▲언론이 조작되면 국민은 올바른 판단을 내릴 수 없다.

언론 조작의 문제점

언론이 조작되어 잘못된 내용이 퍼지면, 국민들은 그 일에 대해 바르게 판단하기 어려워지지요. 조작된 내용을 사실이라고 믿고 잘못된 판단을 하기도 합니다. 또 사회를 올바르게 보는 시각을 기를 수도 없지요.

권력을 가진 사람들이 언론을 조작해 자신의 행위를 정당화하거나, 국민을 선동할 수도 있습니다. 따라서 국민들은 정보가 조작되었는지 판단할 수 있는 능력을 길러야 합니다.

생각이 쑤욱

7 내가 동물 농장에 있는 동물이었다면 돼지를 빼고 어떤 동물에 가까운지 골라 보세요. 그리고 그 동물의 문제점과 그 동물이 돼지들의 독재를 막기 위해 어떤 노력을 했어야 하는지 말해 보세요.

▲평등한 사회를 꿈꾸던 동물 농장은 돼지들의 세상이 되었다.

머리에 쏘옥

동물 농장에 등장하는 동물들

스퀼러는 나폴레옹이 새로운 개혁을 할 때마다 동물들을 진정시킵니다. 동물들은 의심을 품을 수밖에 없었지만, 스퀼러의 말솜씨에 넘어가고 말지요. 동물들은 선동하며 그럴싸하게 포장하기 때문에 우매한 동물들은 그 말을 그대로 믿습니다.

복서는 모든 구성원을 위해 가장 열심히 일하는 말입니다. 자신이 하는 노동은 동물 농장 모두에게 도움이 된다고 굳게 믿지요. 그래서 누구보다 더 열심히 일하면서 자신을 희생합니다.

벤자민은 모든 상황을 잘 알면서도 자신의 이익을 위해 침묵합니다.

다른 동물들은 잘 먹고 잘살 수 있기만 바랄 뿐입니다. 그래서 돼지들의 말을 무비판적으로 받아들이고 따르지요.

생각이 쏘옥

8 아래 기사를 참고해 독재를 막기 위해 '깨어 있는 시민'의 역할이 중요한 이유를 들고, 어떤 노력을 해야 하는지 말해 보세요(400~500자).

정치권 등 우리 사회 전반을 확 바꾸는 일은 결국 시민의 손에 달려 있다. 스웨덴 린네대 최연혁 교수는 "우리 사회의 변화가 필요한 시점이다. 첫 단추는 깨어 있는 시민이 되는 것."이라고 말했다. '깨어 있는 시민'의 자격으로 참여 정신과 책임감, 연대 의식, 준법 정신, 합리적 사고와 비판, 관용을 제시했다. 우리 국민이 '촛불광장'에서 봤던 가치들이다. 문제는 이러한 시민성이 생활에서는 잘 구현되지 않는 데 있다. 정치인들이 이러한 일을 하기에는 한참 수준이 떨어진다. 결국 건강한 대한민국 공동체를 만들기 위해 남은 단추들을 제대로 채우는 일도 시민의 몫이다.

<신문 기사 참조>

▲국민은 부당한 권력에 맞서기 위해 촛불을 들고 광장에 모였다.

참여 정부가 정책을 결정할 때 영향을 미치기 위해 하는 시민 활동.
연대 의식 사회 구성원들끼리 한 덩어리로 연결되어 있음을 느끼고, 서로 의존을 지탱하려는 마음.

08 국내 문학 | 진정한 공부는 내 안에서 하고 싶은 일 찾기

『불량한 자전거 여행』

김남중 지음, 창비 펴냄, 230쪽

 줄거리

호진이는 학원에 다니느라 매일 밤 9시가 넘어서야 집에 돌아온다. 호진이의 엄마는 호진이의 학원비를 대려고 일을 시작한다. 엄마는 일 때문에 집에 늦게 들어오고 술도 마시는데, 아빠와 사이가 벌어져 이혼하기로 한다. 호진이는 학원도 빼먹고 공부도 안 해 아빠에게 뺨까지 얻어맞는다. 그 뒤 집에서 뛰쳐나와 집안에서 아무도 인정해 주지 않는 '불량' 삼촌을 찾아간다. 삼촌은 고등학교도 나오지 못했지만, 자기가 하고 싶은 자전거 여행 가이드를 하면서 생활한다. 호진이는 삼촌 일행과 자전거로 뜨거운 여름 11박 12일 동안 1100㎞를 여행하면서 마음에 숨겨졌던 자기를 찾는다.

엄마는 호진이 학원비 대려고 일하기 시작

▲엄마는 호진이의 학원비를 대려고 다시 일을 시작했다.

(가) 엄마가 일을 시작한 건 지난 겨울부터다. 어느 날 저녁에 뉴스가 끝나자마자 신문을 집어 든 아빠에게 엄마가 오랜만에 말을 걸었다. "나 다시 일할 거야. 호진이 학원도 더 나은 데로 옮겨야 하고, 중학교 선행 학습도 해야 돼. 무슨 말인지 알지?" 나도 무슨 말인지 알 것 같았다. 돈이 더 든다는 얘기였다. 다음 날부터 엄마는 출근했고, 저녁 무렵에 퇴근했다. 엄마는 내 학원을 둘에서 셋으로 늘렸다. 덕분에 나는 밤 아홉 시가 넘어서야 집에 올 수 있었다. 집에 있는 시간보다 밖에 있는 시간이 더 많았다. 엄마는 종종 술을 마시고 들어왔다. 아빠한테 술 때문에 화를 내던 엄마였는데, 일을 시작하면서 같아졌다. (10~11쪽)

공부하기 싫지만 학원에 억지로 다녀

▲엄마의 바람과 다르게 호진이는 학원에 다녀도 성적이 오르지 않는다.

(나) 학원이 끝나려면 삼십 분쯤 남았는데, 그냥 집에 가기로 했다. 내가 몇 시에 들어왔는지 모를 거라고 생각했는데, 뜻밖에 거실에서 팔짱을 낀 엄마가 나를 쏘아봤다. 엄마는 내 성적이 오르지 않는 이유를 이제야 알게 되었다. 매일 학원에 가도 내 성적은 오르지 않을 거다. 내가 공부를 포기했듯 학원에서도 날 포기한 지 오래다. 꼬박꼬박 받는 학원비 때문에 공부를 시키는 척할 뿐이다. 하지만 엄마는 어떻게 내 성적을 올릴지 한 가지만 생각한다. 나는 공부를 좋아하지 않는데, 엄마는 학원만 믿는다. 엄마는 '공부를 잘하는 방법을 가르치는 학원'이 생기기를 바랄 거다. (13~20쪽)

삼촌은 고등학교도 못 나왔지만 자기 길 걸어

(다) "삼촌처럼 된단 말이야. 대학은커녕 고등학교도 못 나왔으니 변변한 직업을 갖지 못해 돈을 못 벌어." 삼촌은 공부를 하지 않아 이처럼 가족들에게 냉대를 받았다. 그런데 엄마 아빠가 틈이 벌어져 이혼까지 결정한 상황에서, 호진이가 집을 뛰쳐나와 의지할 사람은 삼촌뿐이었다. 광주에서 만난 불량 삼촌은 자기 일행에게 "여행하는 자전거 친구들의 자전거 순례 행사를 기획하고 운영하는 신석기 단장입니다."라고 자신을 소개했다. 호진이는 삼촌에게 자전거 여행 가이드

▲고등학교도 나오지 못하고, 돈도 벌지 못해 베짱이 소리를 듣는 삼촌.

를 하면 돈을 많이 버느냐고 물었다. 삼촌은 그렇지 않다면서 "하고 싶어서 한다."고 대답했다. 호진이는 사람이 어떻게 하고 싶은 일만 하고 살 수 있느냐고 되물었다. (21~36, 120쪽)

자신과 싸우면서 자전거 타고 가지산 넘어

(라) '백까지만 세자.' 한 바퀴 굴릴 때마다 하나씩 세었다. 백이 그렇게 큰 수인지 몰랐다. 다들 싸우고 있었고, 나도 싸우는 중이다. 처음에는 싸움 상대가 가지산인 줄 알았지만 높이 오를수록 <u>산은 그냥 가만히 있을 뿐이다. 나와 싸우는 거다. 내 속에 있는 나, 포기하고 싶은 나와 싸우는 거다.</u> 몸이 편하려면 집에 있으면 되었지만 나는 집을 떠났고, 온 힘을 다해 산을 올랐다. 무엇이 기다리는지 모르지만 산을 넘으면 알 수 있다. 나는 이를 악물고 페달을 밟았다. 자전거로 산을 넘는 게 신기했다. "다 왔어. 여기가 끝이야!" (89, 130쪽)

▲호진이가 자전거를 타고 고통스럽게 가지산을 넘으며, 자신과 싸우고 있다.

본문 맛보기

트럭 도둑 신고하는 대신 자전거 여행 기회 줘

▲영규 아저씨는 채소 장사를 하려고 삼촌의 빨간 트럭을 훔쳤다가 붙잡혔다.

(마)일사병으로 쓰러진 희정이를 데리고 병원에 들른 사이 여행에 필요한 모든 장비를 실은 빨간 트럭을 도둑맞았다. 삼촌은 자전거 동호회를 수소문해서 트럭을 훔쳐간 영규를 찾았다. 겁을 먹은 영규 아저씨에게 삼촌이 속삭였다. "상지대 정문 앞으로 일곱 시까지 와라. 안 나오면 경찰이 찾아갈 거다." 호진이는 삼촌에게 트럭을 훔친 도둑 아저씨를 왜 데려온 거냐고 물었다. "다음 순례부터 영규가 팀장인 만석이 대신이다. 영규 녀석, 다섯 살 때부터 할머니 밑에서 고생을 많이 했더라. 속은 착해 보여. 도둑질도 처음이래. 차가 있으면 채소 장사라도 하고 싶었는데 열쇠가 꽂힌 트럭이 보였대." (147~156, 171~172쪽)

공부가 전부 아냐… 자기가 좋아하는 일 찾으면 돼

▲호진이는 공부를 빼고 온몸으로 부딪쳐 땀을 흘리는 일이라면 잘할 수 있을 것 같았다. 사진은 테니스 국가 대표인 정현 선수.

(바)"네가 나한테 오고 싶다고 했을 때, 내가 네 나이일 때 생각이 나서 웃었어. 도중에 네 엄마 아빠 이야기를 듣고는, 난 그저 너를 힘들게 만든 것들을 잊고 땀을 흘리게 해 주고 싶었어. 땀은 고민을 없애 주고, 자전거는 즐겁게 땀을 흘리게 하지. 내가 남한테 줄 수 있는 건 이것밖에 없어." 나도 삼촌처럼 뭔가 잘하는 일이 있으면 좋겠다고 생각했다. 하지만 찾으면 된다고 생각하니 마음이 급하지는 않았다. <u>공부를 못하면 세상이 끝나는 줄 아는 엄마와 아빠가 떠올랐다.</u> 난 공부가 싫다. 대신 이렇게 온몸으로 부딪쳐 땀 흘릴 수 있는 거라면 할 수 있을 것 같았다. (173~187, 215쪽)

생각이 쑤욱

1 자기 꿈이 없이 부모가 원하는 대로 학원으로 내몰리다 보면 자신의 미래에 어떤 위험이 닥칠까요?

▲초등학생들은 밤에도 학원에 다니느라 자기 생각을 할 시간이 별로 없다.

2 호진이의 엄마는 호진이의 학원비를 대려고 일을 시작했는데, 부모님의 이러한 희생은 정당하다고 생각하나요?

정당하다	정당하지 않다

머리에 쏘옥

자식을 위한 부모의 희생은 정당한가

호진이의 엄마는 호진이의 학원비를 대려고 일을 시작합니다. 엄마가 일을 하면서 집에 늦게 들어오고 술까지 마시자, 아빠와 자주 다투다 이혼하기로 결정합니다.

우리나라 가정에서 초등학생 1명에게 들이는 사교육비는 매월 30만 원이 넘습니다. 그런데 월 소득이 200만 원이 안 되는 가정이 43%입니다. 교육비가 이처럼 많이 드는데도 사교육을 시키는 까닭은, 좋은 대학에 들어가야 안정된 직업을 가질 수 있다고 생각하기 때문입니다.

부모가 자녀를 낳으면 제대로 교육을 시켜야 하는 의무가 있습니다. 하지만 오로지 자녀를 위해 희생하면 부모들의 행복지수가 떨어지고, 호진이네처럼 가정 불화가 일어나기도 합니다.

▲자녀의 사교육비를 대려고 일을 하는 부모가 늘고 있다.

생각이 쑤욱

3 호진이는 자식인 자기를 배려하지 않고 일방적으로 이혼을 결정한 부모님에게 화가 나서 가출을 선택합니다. 하지만 호진이가 갈 곳이 없는 상태에서 무작정 가출할 경우 부모님과 호진이는 어떤 문제를 겪게 될까요?

부모님이 겪을 문제	
호진이가 겪을 문제	

4 (라)의 밑줄 친 부분처럼 어떤 일을 할 때 누구에게나 힘들어서 포기하고 싶은 상황이 닥칠 수 있습니다. 이러한 상황에서 자기를 이기는 힘은 어디서 나올지 아는 대로 말해 보세요.

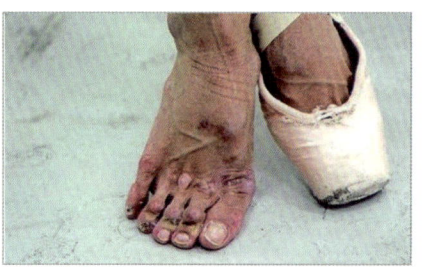

▲발가락이 변형될 정도로 노력해서 세계적인 발레리나로 우뚝 선 강수진(1965~)의 발. 그는 아시아인 최초로 세계 5대 발레단인 독일 슈투트가르트발레단에 들어가 20년 넘게 활동했다.

머리에 쏘옥

목표 의식과 성취 동기

호진이의 엄마는 호진이의 학원비를 대려고 일을 시작합니다. 그러면서 공부를 하지 못해 집안에서 낙오자로 몰린 호진이의 삼촌과 비교하면서 공부를 하라고 다그치지요.

하지만 호진이는 공부가 싫고 잘하지도 못합니다. 그러니 공부하고 싶은 의욕이나 이루고 싶은 목표가 생길 리 없지요. 마찬가지로 부모 등 다른 사람이 정해 준 길로 남의 발자국만 밟으며 가는 사람은 자기 발자국을 남기지 못합니다. 남들이 하는 대로 하면 안심은 되겠지만 그 길에는 주인인 내가 없고, 내 것도 없는 것이지요. 결국 힘이 들면 핑계를 만들어 포기하고 맙니다.

하지만 자기 스스로 고민하면서 어렵게 선택한 목표가 생기면 자기가 그 길의 주인이기 때문에 강력한 성취 동기가 생깁니다. 그러면 아무리 어려운 상황이 닥쳐도 이겨 내려는 의지가 강해집니다.

생각이 쑥쑥

5 (바)의 밑줄 친 부분에서 공부를 잘하지 못하면 세상이 끝나는 줄 아는 호진이의 부모님에게 학교 공부를 잘해 정해진 길을 가는 것보다 자기가 만족하는 삶을 사는 것이 더 중요하다고 설득해 보세요.

☞ 상대를 설득할 때는 구체적인 사례를 들어 설명하면 받아들이기 쉽습니다. 여기서는 삼촌이나 위인의 사례를 드는 것이 좋습니다.

6 삼촌은 트럭을 훔친 영규 아저씨를 경찰에 신고하는 대신 자전거 여행의 기회를 줍니다. 호진이가 삼촌의 행동에서 깨달아야 하는 삶의 지혜는 무엇일까요?

> 프랑스의 문호 빅토르 위고(1802~85)의 소설 『레 미제라블』에서 주인공 장 발장은 자기에게 숙소를 제공한 미리엘 주교의 집에서 은식기를 훔쳐 달아났다가 헌병에게 붙잡혀 온다. 그런데 미리엘 주교는 자기가 준 거라며 장 발장을 변호한다. 그 뒤 장 발장은 새 삶을 살고, 마들렌이라는 이름의 사업가로 변신한다.

▲2012년 개봉된 영국 영화 '레 미제라블'(감독 톰 후퍼)에서 장 발장(왼쪽)과 미리엘 주교가 은식기에 담긴 음식을 먹는 모습.

머리에 쏙쏙

세상을 사는 지혜 '사랑과 배려'

사람은 타인과 공동체를 이루며 살아갑니다. 그런데 공동체가 유지되고 발전하려면 법을 잘 지켜야 합니다. 영규 아저씨처럼 법을 지키지 않으면 질서가 깨져서 공동체 전체가 혼란에 빠집니다.

하지만 법만 가지고 공동체의 질서를 잡으려 들면 구성원들이 이기적으로 바뀌고, 서로를 의심하게 되어 갈등 비용이 더 크게 발생하지요. 그리고 동기나 과정은 생각하지 않고 결과만 보고 벌을 주기 때문에 한순간의 실수로도 전과자가 될 수 있습니다.

영규 아저씨는 트럭을 훔치기는 했지만, 워낙 생계가 막막해 장사를 하려는 생각이 앞서서 그런 것이지요. 반성도 하고 있습니다. 이럴 경우 공동체 전체를 위해 사랑과 용서, 배려심을 발휘해 새롭게 출발할 수 있는 기회를 주는 것이 지혜로운 결정일 수 있습니다.

생각이 쑤욱

7 이 책의 지은이는 호진이가 자기를 찾아가는 과정을 왜 고통스러운 자전거 여행을 통해 보여 주었을지 자동차 여행과 비교해 1분 30초 동안 이야기해 보세요.

☞ 여행자 일행에는 왕따였던 청소년과 알코올 중독 실업자, 자전거 세계 일주 중인 외국인 커플, 초등 예비 교사, 말기 암 환자 등 다양한 여행자가 들어 있습니다.

▲자전거 여행은 고통이 따르지만 스스로 선택할 수 있고, 자동차 여행은 편리하기는 하지만 정해진 길로만 가야 한다.

머리에 쏘옥

자전거 여행과 자동차 여행

지은이는 자전거 여행을 통해 고되지만 가치가 있는 삶의 의미를 보여 주려고 했을 것입니다. 11박 12일의 자전거 여행은 인생 전체에 비해 짧은 시간입니다. 하지만 자기 스스로 무언가를 해본 경험이 별로 없는 초등학생들에게 삶의 의미를 깨닫게 하는 데는 좋은 경험이지요.

자전거 여행은 자기 노력으로 땀을 흘리며 발판을 굴러야 앞으로 나아갈 수 있습니다. 때론 포장이 잘된 도로를 갈 때도 있고, 포기하고 싶은 마음과 갈등하며 넘어야 하는 높은 산과 신나는 내리막길을 가야 할 때도 있지요. 그런데 자기가 선택한 길을 가다가 방향이 틀리면 이내 다른 길로 갈 수 있습니다. 여행을 마치고 나서 돌아보면 스스로 선택하고 문제를 해결하며 지나왔기 때문에 가치가 있고 대견스럽지요.

그런데 자동차 여행은 편하기는 하지만 정해진 길로만 가야 하며, 중간에 연료가 떨어지면 나아갈 수 없습니다. 고장이 나면 스스로 고칠 수도 없지요. 따라서 자동차 여행은 아무 고민 없이 공부만 하면서 부모님이 선택해 준 길을 가는 것으로 볼 수 있습니다.

8 자신의 진정한 꿈은 무엇이며, 그 꿈을 이루려면 학교 공부 외에 어떤 노력이 필요한지 말해 보세요(400~500자).

6·25전쟁 이후 어린이들은 먹고 살기 위해 일터로 내몰렸다. 하지만 지금은 교사나 의사, 법조인이 되기 위해 학원으로 내몰린다. 자신의 관심과 적성은 무시된 채 부모가 원하는 틀 속에서 미래에 대한 꿈조차 스스로 꾸지 못하는 것이다. 어린이는 부모를 통해 미래를 꿈꾼다. 갈수록 불확실성이 높아지는 현실에서 대다수 부모는 자녀가 더 안정적인 직업을 선택하고 굴곡 없는 삶을 살아가기 바란다. 하지만 이렇게 자라면 끊임없이 경쟁하기 때문에 그들에게 주변을 돌아볼 시간을 주지 못한다. 서로를 존중하고 배려하며 자신의 꿈을 키우는 자녀를 길러 낼 때 사회가 바로 설 수 있다.

<신문 기사 참조>

▲지난 10년간 초등학생들의 장래 희망 1위는 교사이고, 의사와 법조인은 2, 3위를 다퉜다.

09 국내 문학

행복은 물질에 있지 않아요

『자전거 도둑』
박완서 지음, 다림 펴냄, 184쪽

 **줄거리**

　소설가 박완서(1931~2011)의 단편 동화 6편이 실려 있다. '자전거 도둑'은 사람의 마음에 도사리고 있는 부도덕성이 얼마나 무서운지 보여 주는 표제작이다. '달걀은 달걀로 갚으렴'의 한뫼는 자신이 소중하게 생각하는 달걀이 도시인에게는 웃음거리가 되는 것을 보고, 각자 소중하게 생각하는 점이 다르다는 사실을 알게 된다. '옥상의 민들레꽃'에서 '나'는 죽고 싶은 사람의 마음을 돌이킬 수 있는 건 쇠창살이 아니라, 민들레꽃임을 아무도 몰라 답답함을 느낀다.

본문 맛보기

잘못을 나무라지 않는 영감에게 정 떨어져

▲영감이 펜치로 자물쇠를 자르고 있다.

(가) "임마, 네놈의 자전거가 쓰러지면서 내 차를 들이박았단 말야. 너나 나나 오늘 재수 옴 붙은 걸로 치고 반반씩 손해 보자. 오천 원만 내." 모든 구경꾼이 수남이의 편이 되어 와글와글 외쳐 댔다. "도망가라, 어서 어서 자전거를 번쩍 들고 도망가라." 주인 영감님은 자전거를 옆에 끼고 질풍처럼 달려온 놈을 눈을 휘둥그렇게 뜨고 바라볼 뿐이었다. 수남이는 숨을 가라앉히고 자초지종을 주인 영감님께 고해 바쳤다. 주인 영감님은 무엇이 그리 좋은지 무릎을 치면서 통쾌해 했다. 그러고는 드라이버니 펜치를 가지고 자전거에 채운 자물쇠를 분해하기 시작했다. 엎드려 그 짓을 하는 주인 영감님이 수남이의 눈에 흡사 도둑놈 두목 같아 보여 속으로 정이 떨어졌다. (31~39쪽)

자식 잘못 견제하는 아버지가 그리워 귀향

▲수남이는 자신의 잘못을 나무라 주는 어른이 있는 고향으로 돌아갔다.

(나) 수남이의 눈앞에는 수갑을 차고, 순경들에게 끌려와 도둑질 흉내를 그대로 내보이던 형의 얼굴이 환히 떠올랐다. 아버지는 홧병으로 몸져눕고 집안 형편은 말이 아니었다. 수남이는 형이 그랬던 것처럼 서울 가서 돈 벌어 오겠다고 집을 나섰다. 아버지는 수남이를 타일렀다. "무슨 짓을 하든지 그저 도둑질은 하지 말아라, 알았쟈." 수남은 도덕적으로 자기를 견제해 줄 어른이 그리웠다. (41~45쪽)

본문 맛보기

한뫼가 닭을 훔치는 모습을 동생이 보고 놀라

(다) "오빠, 내 달걀 훔쳐 먹으면 가만 안 둘 거다. 알았지?" "닭째 훔쳐 먹으면?" 그날 밤, 한뫼가 양손에 하나씩 암탉의 날갯죽지를 잡고 우뚝 서 있었습니다. 봄뫼는 노여움으로 목이 메고 손발이 떨립니다. "오빠, 그러지 마. 제발 그러지 마. 알을 낳으면 제일 먼저 오빠 삶아 줄게. 일주일에 한 번씩은 꼭꼭 삶아 줄게." 봄뫼는 드디어 그렇게 애걸까지 했습니다. "누가 그까짓 삶은 달걀 먹고 싶댔어?" (56~58쪽)

▲봄뫼는 도시를 여행하기 위해 달걀을 모으고 있다.

달걀의 가치를 모르는 도시인들 모습에 실망

(라) "선생님, 전 그 암탉을 죽여 버리고 싶어요." "왜?" "도시 구경을 하고 싶다고 닭을 길러 달걀을 팔아 노자를 삼는 일만은 막아야 해요." "저에게 있어서 달걀은 무엇보다 소중한 거였어요. 그런 달걀이 도시 사람한테 마구 천대받고 웃음거리가 되는 걸 보니까, 꼭 제가 업신여김을 당하는 것처럼 분한 생각이 들었어요." "저는 도시 사람들을 업신여길 수 있고, 도시 사람들이 저를 우러르고 제 말 한마디에 벌벌 떨게 하고 싶어요." "너무 인색하게 갚아 주는 것도 안 좋지만, 너무 지나치게 갚을 건 또 뭐 있니? 달걀은 달걀로 갚으렴." (63~67쪽)

▲TV 한 예능 프로그램에 나온 사람이 달걀 50개를 먹고 있다.

본문 맛보기

사람이 죽었는데 집값 떨어질까 신경 써

▲1970년대 최고급으로 통했던 궁전아파트.

(마)우리 궁전아파트는 살기 편하고 시설이 고급이며 환경이 아름답기로 이름이 난 아파트입니다. 그런데 이게 웬일입니까? 벌써 두 사람이나 살기 싫어 목숨을 끊었습니다. 얼마나 사는 것이 행복하지 않으면 스스로 목숨을 끊고 싶어질까 궁전아파트 사람들은 상상할 수 없습니다. "이 소문이 퍼져 보십시오. 사람들은 궁전아파트 사람들이 이제껏 행복했던 것이 가짜일 거라고 의심할지도 모릅니다. 제일 먼저 영향을 받는 건 우리 아파트 값일 겁니다. 아마 한 번만 더 사고가 나면 우리 아파트 값은 똥값이 될걸요." (102~107쪽)

가족들도 할머니의 자살 원인 깨닫지 못해

▲할머니의 옷장에 있는 비단옷이 가득했다.

(바)저번에 돌아가신 할머니는 딸하고 같이 사셨고, 이번에 돌아가신 할머니는 아들하고 같이 사셨답니다. "무엇을 부족하게 해 드리지 않았습니까?" 교수님이 울고 있는 아주머니들을 똑바로 바라보면서 따지듯 말했습니다. "아니오, 그런 일 없습니다. 저의 어머니의 방 냉장고는 늘 그분이 즐기시는 음식으로 가득 채웠고, 옷장엔 사시사철 충분히 갈아입을 수 있는 비단옷으로 가득 차 있었습니다." "저도 마찬가지입니다. 부족한 건 아무도 없습니다. 제 방과 똑같은 크기의 방에 제 방에 있는 건 그분의 방에도 다 있습니다. 그랬건만 그분은 늘 불만이셨습니다." (117~118쪽)

생각이 쏘옥

1 수남이의 자전거가 쓰러져 고급 차에 흠집이 생겼으니 피해액을 수남이가 물어 줘야 하는 것이 마땅한데, 구경꾼들은 왜 수남이에게 자전거를 들고 도망치라고 했을까요?

▲구경꾼들이 수남이에게 자전거를 들고 도망치라고 말하고 있다.

2 수남이는 서울에서 만난 어른들에게 실망해 고향으로 돌아갑니다. 어른들이 어떻게 행동했으면 수남이가 철물점에서 계속 일했을지 설명하세요.

고급 차 주인	
구경꾼들	
철물점 주인	

머리에 쏘옥

'자전거 도둑'

수남이는 형 수길이 양품점에서 돈과 물건을 훔쳐 구속된 일 때문에 몸져누운 아버지를 대신해 돈을 벌러 서울로 갔어요. 철물점에서 근무하며 어느 날 다른 가게에 돈을 받으러 갔는데, 마침 바람이 불어 타고 간 자전거가 쓰러지며 고급 차에 흠집을 냈어요. 수남이가 울면서 빌었지만, 차 주인은 5000원을 내놓으라고 자전거를 압수했어요.

그 모습을 지켜본 구경꾼들이 수남이에게 자전거를 들고 도망치라고 말했어요. 차 주인이 너무 이기적이고 야박하게 굴어 골려 먹으려는 속셈이었죠. 수남이는 결국 차 주인 몰래 자전거를 가지고 가게로 도망쳤어요. 주인 영감에게 있었던 일을 말하자, 영감은 차 수리비를 주지 않아도 되니 도망치길 잘했다며 수남이를 칭찬했어요. 그 말을 들은 수남이의 마음은 불편했고, 결국 고향으로 돌아가게 되었어요.

생각이 쑤욱

3 (가)와 (다)에 밑줄 친 두 상황에서 나라면 어떻게 행동했을지 정리하세요.

주인 영감이 무릎을 치며 통쾌해 할 때 내가 수남이라면	
애걸하는 봄뫼의 모습을 보고 내가 한뫼라면	

4 '달걀은 달걀로 갚으렴'에서 선생님은 도시인들에게 분한 감정을 느끼는 한뫼에게 왜 달걀은 달걀로 갚으라고 말했나요?

머리에 쏘옥

'달걀은 달걀로 갚으렴'

한뫼는 달걀을 팔아 도시로 여행을 간 적이 있어요. 그때 민박집에서 TV를 보았는데, 한자리에서 달걀을 130개나 먹는 아저씨의 모습이 나왔어요. 꾸역꾸역 먹는 모습이 달걀을 우습게 여기는 것 같아 화가 났어요.

그래서 한뫼는 도시에 앙갚음을 하고 싶었어요. 하지만 문 선생님은 달걀을 판 돈으로 도시 아이들을 시골로 초대하자고 제안했어요. 시골 아이들이 문명에 눈뜨지 못한 것처럼, 도시 아이들도 자연에 눈뜨지 못했을 테니까요.

이를 통해 시골 사람과 도시 사람 어느 쪽도 더 잘나거나 못나지 않았음을 보여 주고 싶었던 거지요. 그리고 몰라서 소중히 여기지 않았을 수도 있으니 직접 보여 주려고 했던 겁니다.

▲달걀을 품은 어미닭.

생각이 쑤욱

5 (마)에 드러난 궁전아파트 주민들의 행복과 나의 행복 기준을 밝히세요.

궁전아파트 주민	
나	

6 (바)에서 물질이 풍족한데도 노인들이 자살한 까닭을 추측해 보세요.

머리에 쏘옥

살 힘을 주는 것은 진실된 사랑 희망

1980년대 아파트는 편리함과 부자의 상징이어서 많은 사람이 부러워했지요. 그런데 아파트는 이웃과의 관계를 단절시켰고, 아파트 주민은 인정보다는 물질을 더 중요하게 생각했지요.

어느 날 궁전아파트에서 풍족하게 살던 할머니 두 분이 몸을 던져 자살했습니다. 아파트 주민들은 이 사건 때문에 아파트 값이 떨어질까 봐 자살 방지 대책 회의를 엽니다. 창문에 쇠창살을 달자는 의견도 나옵니다.

주인공인 '나'는 사랑하는 사람이 나를 필요로 하지 않는다는 사실이 자살로 내몬다고 봅니다. 그래서 할머니들도 가족에게 그런 감정을 느꼈을 것으로 짐작하지요. '나'는 옥상의 좋지 않은 환경에서도 꽃을 피운 민들레처럼 희망을 주는 무언가가 있다면 자살을 막을 수 있었을 것으로 생각하지요.

▲옥상의 척박한 환경에서도 꽃을 피운 민들레.

생각이 쑤욱

7 박완서 작가는 '자전거 도둑'과 '달걀은 달걀로 갚으렴', '옥상의 민들레꽃' 등 작품을 통해 독자들에게 어떤 메시지를 전달하려고 했는지 1분 30초 동안 말해 보세요.

▲아파트는 위치하는 지역과 크기에 따라 그곳에 사는 사람의 신분을 결정하는 잣대로 변했다.

머리에 쏘옥

박완서의 작품 세계

소설가 박완서는 1980년대 중반 이후 우리나라 여성 문학의 대표 주자로 주목을 받았어요.

그의 작품 가운데 '자전거 도둑', '달걀은 달걀로 갚으렴', '옥상의 민들레꽃' 등 세 작품은 물질만 추구하는 어른들의 어리석음을 보여 주고 있어요.

작가는 이 이야기를 통해 삶에서 진정 귀하게 여겨야 할 것들이 무엇인지 말해 주고 있답니다.

▲박완서 작가

8 '옥상의 민들레꽃'에 나오는 자식들의 잘못을 비판하고, 아래 제시한 기사를 참고해 현재 노인들의 자살 문제를 해결하기 위해 어떤 노력을 기울여야 하는지 말해 보세요(400~500자).

우리나라는 노인을 공경하는 전통이 강하다. 하지만 우리나라의 노인은 외국보다 불행하다고 한다. 그래서 자살률이 높다. 국제적으로 비교해도 노인 자살률은 경제협력개발기구(OECD) 1위다. 정부의 '2019년 자살 예방 백서'에 따르면 65세 이상 노인 자살률(인구 10만 명당)은 58.6명으로, OECD 회원국 18.8명보다 훨씬 높다. 노인들이 자살하는 가장 큰 원인은 경제적 어려움이다. 우울증과 만성 질환 등 본인의 건강 문제, 부부·자녀·친구와의 갈등과 단절 문제도 크다. 따라서 노인 자살률을 낮추려면 무엇보다 가족과 친구들이 버팀목이 되어야 하고, 정부도 할 수 있는 일을 찾아야 한다.

▲우리나라는 경제협력개발기구 국가 가운데 노인 자살률이 가장 높다.

<신문 기사 참조>

하늘도 감동시킨 지극한 효심

10 국내 문학

『어두운 눈을 뜨니 온 세상이 장관이라 심청전』
정출헌 지음, 휴머니스트 펴냄, 164쪽

 줄거리

옛날 황주에 봉사 심학규와 곽씨 부인이 살았는데, 부부 나이 마흔이 되도록 자식이 없어 치성을 드린 끝에 심청을 낳는다. 심청은 태어나자마자 어머니를 여의고 아버지의 젖동냥으로 자란다. 어느 날 심 봉사는 쌀 300석을 공양하면 눈을 뜰 수 있다는 스님의 말에 시주를 약속한다. 심청은 상인들에게 제 몸을 제물로 팔고 인당수에 몸을 던진다. 심청은 용궁에서 3년간 지내다 환생해 황비가 된 뒤 아버지를 만나고 싶어 맹인 잔치를 연다. 잔치에 참석한 심 봉사는 환생한 딸을 보고 싶어 눈을 비비다 결국 눈을 뜨게 된다.

부처님께 치성 올린 뒤 늦둥이로 태어나

▲심청은 치성을 올린 끝에 선녀가 품에 안기는 태몽을 꾼 뒤 늦둥이로 태어났다.

(가)심청은 스무 살에 눈이 먼 아버지와 품삯 일을 하는 어머니를 둔 늦둥이였다. 부모님은 아기가 없어 대를 잇지 못함을 늘 애석하게 여겨 아기를 갖게 해 달라고 치성을 올렸다. 어느 날 어머니 곽씨의 꿈에 선녀가 나타나, 몽운사 부처님이 이 댁으로 가라 해서 왔으니 어여삐 여겨 달라며 품속으로 달려들었다. 부부는 태몽이 아닐까 기대했는데, 그달부터 태기가 있었다. 곽씨는 부정한 것을 멀리하고 몸가짐을 더욱 바르게 했다. 그런데 곽씨가 딸을 낳아 낙담하자, 심 봉사는 요조숙녀로 키우면 아들 부럽지 않다며 부인을 위로했다. (13~21쪽)

심청 낳은 지 이레 만에 어머니가 돌아가셔

▲심 봉사는 부인 곽씨가 심청을 낳고 일주일 만에 죽자, 젖을 동냥해 키워야 했다.

(나)심청은 태어난 지 이레 만에 어머니를 여의었다. 어머니는 품을 팔아 밤낮으로 일을 했었다. 그리고 해산한 지 며칠 만에 찬물에 설거지 등 집안일을 하다 그만 찬바람을 쐬어 병이 났다. 어머니는 아비의 앞을 인도하는 눈이 되라고 딸의 이름을 '청'으로 짓자고 했다. 그리고 저승에서 만나면 알아볼 수 있게 하겠다며 끼던 옥가락지를 주고 세상을 떠났다. 심 봉사는 부인을 잃은 상심에 서럽게 울었다. 그리고 지금 죽어서 부인을 따라가겠다고 하자, 동네 사람들이 어린 자식을 봐서라도 살아야 한다며 심 봉사를 겨우 달래 산에서 내려왔다. (22~29쪽)

> **이런 뜻이에요**
> **치성** 신앙 차원에서 부처 등에게 정성을 들여 기원하는 행위.
> **태기** 아기를 밴 기미.
> **요조숙녀** 행실과 품행이 곱고 얌전한 여자.
> **해산** 아이를 낳음.

눈 뜰 수 있다는 말에 쌀 삼백 석 시주 약속

(다)심청은 일곱 살에 밥 동냥을 시작했고, 열두 살에 품을 팔며 떳떳하게 살았다. 어느 날 건넛마을 장 승상댁 부인이 착하고 솜씨 좋은 심청의 소문을 듣고 만나서 선녀가 환생한 듯하다며 수양딸을 권유했다. 하지만 심청은 아버지 봉양 때문에 정중히 거절했다. 심 봉사는 딸 걱정에 마중 나갔다가 물에 빠졌다. 마침 지나가던 몽운사 화주승이 구해 준 뒤, 전생의 죄 때문에 눈이 먼 것이라며

▲화주승은 심 봉사에게 전생의 죄 때문에 눈이 먼 것이라며, 쌀 삼백 석을 시주하면 눈을 뜰 수 있다고 말했다.

쌀 삼백 석을 시주하면 앞을 볼 수 있다고 말했다. 심 봉사는 기뻐서 덜컥 시주를 약속했다. 중이 떠나고 정신이 들자 크게 후회했다. (30~49쪽)

바다의 제물로 자신을 팔고 공양미 마련

(라)심청은 자신을 쌀 삼백 석에 사 줄 사람이 나타나길 기도했다. 그때 바다의 제물이 될 젊은 여자를 사려던 상인들이 나타나 자신을 팔았다. 심청은 아버지께 승상댁 수양딸로 가게 되었다며 쌀은 그 집에서 받았다고 거짓말했다. 심 봉사는 딸이 떠나는 날에야 자기 때문에 팔려 간다는 사실을 알고, "네가 죽고 내가 눈을 뜬들 무슨 소용이 있겠냐."며 통곡했다. 승상댁 부인이 받은 쌀을 대신

▲심청이 뱃사람을 따라갈 때가 되자 심 봉사는 자신 때문이라는 것을 알고 슬퍼했다.

갚겠다고 했지만, 심청은 이제 와 말을 바꾸지는 못한다고 거절했다. 상인들은 미안함에 심 봉사에게 한 살림 내주고 심청과 함께 떠났다. (50~73쪽)

이런 뜻이에요

승상 옛날 중국에서 황제 다음으로 높은 관직. 조선 시대의 정승과 같다.
환생 불교에서 죽은 생명체가 다시 태어남.
수양딸 남의 자식을 데려다 제 자식처럼 키운 딸.
화주승 집집마다 다니면서 부처님의 말씀을 전하고 절에서 먹을 양식을 얻던 승려.
석 옛날 곡식이나 액체의 양을 잴 때 쓰던 단위. 1석은 약 144kg을 가리킨다.

인당수에 몸을 던진 심청을 용궁에서 살게 해

▲심청은 망설이다 인당수에 몸을 던져 공양미 삼백 석을 준 상인들과 한 약속을 지켰다.

(마)심청은 인당수에 이르러 바다에 뛰어들기를 망설이다가, 이는 효심이 부족한 탓이라 여겨서 다시 용기를 내어 바다에 빠졌다. 이 모습을 본 상인들은 사람을 죽여서 하는 일은 그만두자며 괴로워했다. 이때 옥황상제는 사해용왕에게 하늘이 내린 효녀가 갈 것이니 고이 모셨다가 삼 년 후에 인간 세계로 돌려보내라 명했다. 놀란 용왕은 심청을 극진히 대접했다. 심청은 돌아가신 어머니를 용궁에서 만나 그동안의 이야기를 나눌 수 있었다. 심 봉사는 행실이 고약한 뺑덕 어미를 만나 뱃사람들이 준 재물을 모두 잃고 고향을 떠났다. (74~99쪽)

환생한 딸 보려고 눈을 비비다 먼눈이 활짝 뜨여

▲심 봉사는 환생했다는 딸의 말이 믿기지 않아 답답한 마음에 얼굴을 보려고 눈을 비비다 마침내 눈을 떴다.

(바)삼 년이 지나자 용왕은 큰 연꽃에 심청을 태워 인당수로 보냈다. 뱃사람들이 연꽃을 건져 올려 황제에게 보냈다. 황제는 꽃 속에서 나온 심청을 황후로 맞았다. 심청은 아버지를 찾으려고 맹인 잔치를 열었다. 심 봉사가 잔치에 간신히 도착했다. 심청은 아버지가 자신의 환생을 의심하자, 다시 죽어 옥황상제에게 아버지 눈을 뜨게 해 달라는 청을 하겠다고 했다. 그러자 심 봉사는 살아 돌아온 딸의 얼굴이나 한번 보자며 답답한 마음에 눈을 비비다 눈이 활짝 뜨였다. 심 봉사는 딸을 보고는 태몽에서 본 선녀의 얼굴이라고 생각했다. (101~136쪽)

> **이런 뜻이에요**
> **인당수** 중국과 교역하던 장사치들이 심청을 사다 제물로 바쳤으므로 서해의 한 곳일 것으로 추정.
> **옥황상제** 하늘을 다스리는 신.
> **사해용왕** 동서남북 사방의 바다를 다스린다고 알려진 네 명의 용왕.

생각이 쑤욱

1 전통 사회에서 효도는 주로 부모의 노후를 책임지는 것이었습니다. 내가 지금 생각하는 효도란 무엇인가요?

▲추석을 맞아 손자들이 할아버지와 할머니를 뵈러 갔다.

2 (가)에서는 여자보다 남자 아이를 더 중요하게 여기는 전통 사회의 생각(남아선호사상)을 바꿔 보려는 지은이의 의도가 나타나 있습니다. 왜 여자보다 남자 아이를 중요하게 여겼을지 경제와 국방 면에서 설명하세요.

▲농경 사회에서 남성은 노동력을 공급하고, 국방을 책임졌다.

머리에 쏘옥

부모님 마음 편하게 해 드리는 것이 효도의 뿌리

심청전은 조선 시대에 쓰인 우리나라의 대표적인 한글 고전 소설입니다. 언제 누가 지었는지는 알 수는 없지만, 예부터 전해지는 효행 설화를 바탕으로 쓰인 소설이지요.

복지 제도가 충분하지 않았던 전통 사회에서, 효도의 개념은 가족 구성원이 부모의 노후를 책임지고, 노인을 공경해서 보호하는 것이었지요.

하지만 현대에는 연금이나 의료보험, 빈곤층 최저 생계비 지원 등 복지제도가 촘촘하게 잘 갖춰져 있지요. 경제적으로 자녀의 희생을 강요할 필요가 없게 된 것입니다.

따라서 부모님의 마음을 최대한 편하게 해 드리는 것이 효도의 뿌리로 볼 수 있습니다.

전통 사회의 남아선호사상은 왜 나왔나

전통 사회는 농경 사회여서 노동력을 중요하게 생각했습니다. 또 여성은 결혼하면 남이나 마찬가지로 여겼습니다. 그래서 여성보다는 힘이 센 남성을 선호했지요. 여성은 또 국방 의무도 없었습니다. 남아선호사상이 자연스럽게 자리를 잡을 수밖에 없는 상황이었죠.

생각이 쑥욱

3 (나)의 밑줄 친 부분에서, 시각장애인인 아버지의 입장에서 심 봉사가 어떤 갈등을 했을지 이야기해 보세요.

▲심 봉사는 가족을 부양하던 아내가 죽자 자기를 돌봐줄 사람도 없고 어린 심청에게 짐이 될 것 같아 잠시 죽을 맘도 품었다.

4 (라)와 아래 글을 읽고, 눈먼 아버지의 개안을 위해 심청이 목숨을 바친 것이 진정한 효도인지 생각해 보세요.

☞이 글은 유교 경전의 하나인 『효경』(지은이 모름)에 실린 공자(기원전 551~기원전 479)의 가르침이다.

"효란 덕의 근본이다. 사람의 몸과 머리카락과 살갗은 부모에게 받은 것이니, 상하지 않게 않는 것이 효의 시작이다. 몸을 잘 다스리고 후세에 이름을 날려 부모를 드러내는 것이 효의 끝이다. 효는 부모를 섬기는 데서 시작하여 몸을 세우는 데서 끝나는 것이다."

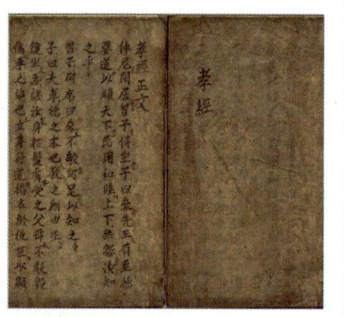

▲『효경』의 표지.

머리에 쏘옥

심청이 자신의 목숨을 바친 것이 진정한 효도일까

유교의 경전인 『효경』의 말대로라면 심청은 어떻게든 살아서 아버지에게 효도를 다해야 합니다. 그런데 눈먼 아버지의 개안에 필요한 쌀 삼백 석을 마련하기 위해 자신의 목숨을 내놓지요.

목숨을 지킬 수 있는 여러 가지 방법이 있는데도, 심청이 극단적인 선택을 한 행위는 오히려 불효일 수 있습니다. 아버지가 눈을 뜨더라도 자식의 목숨과 바꾼 것인데, 행복할 리가 없지요. 따라서 눈먼 아비를 남겨 두고 죽는 선택보다는 살아서 봉양하는 것이 바른 방법일 수 있습니다.

하지만 심 봉사가 무리한 시주를 약속하고 눈을 뜨려는 이유도 자기 때문에 고생하는 자식을 도우려는 마음이 컸을 것입니다. 따라서 이런 아버지의 마음을 아는 심청의 입장에서는 자신의 몸이 부모에게서 받은 것이니 부모를 위해 바쳐도 된다는 마음이 자연스럽게 우러나온 것이지요.

생각이 쑤욱

5 (마)에서 심청은 마지막 순간에 갈등을 겪지만 결국 바다에 몸을 던집니다. 겉으로 드러난 극진한 효심 외에 심청이 자신의 결정을 되돌리지 못한 까닭을 추측해 보세요.

6 (바)에서 심 봉사는 자식의 극진한 효성 덕에 기적적으로 눈을 뜨고 암흑에서 해방됩니다. 이 장면을 통해 심 봉사의 입장에서 자기 경험을 사례로 들어 세상 사람들에게 전하고 싶은 교훈을 말해 보세요.

▲심 봉사는 아내가 죽었지만 젖동냥을 하면서까지 심청을 키웠다. '정성을 다하면 하늘도 감동시킨다.'는 말이 있듯, 심청은 바르게 자랐다.

머리에 쑤욱

심 봉사가 눈을 뜬 의미

심 봉사는 아내가 자식을 낳자마자 세상을 떠나 의지할 곳이 없어집니다. 더구나 노동력이 없는데 부양해야 할 자식까지 생긴 최악의 상황이죠. 하지만 삶을 포기하지 않고 젖동냥으로 자식을 키워 내는 사랑을 발휘합니다. 심청도 어렸을 적부터 그런 아버지를 봉양하려고 힘든 일을 마다하지 않습니다. 부잣집에서 수양딸로 들어와 편히 살라는데도 아버지의 부양 문제 때문에 거절합니다.

이렇듯 시련이 크지만, 부녀는 서로를 위한 사랑과 꺾이지 않는 용기로 무장한 채 세상을 헤쳐 나갑니다. 자신의 운명을 스스로 감당하려는 굳은 의지를 보여 준 것이죠.

심청의 효심은 마침내 하늘도 움직여 심 봉사의 눈을 뜨게 합니다. 심 봉사가 눈을 뜨는 순간, 이 땅의 모든 맹인들이 눈을 뜬 것입니다. 그리고 가난과 질병에 시달리며 고통을 당하던 백성들에게는 희망의 등불이 켜진 것입니다.

생각이 쑥쑥

7 (바)에서, 이야기의 결말이 행복하게 끝나지요. 하지만 당시 세금은 많이 거두면서도 빈곤층이나 장애인을 위한 복지 제도를 충분히 갖추지 않고 효도를 지나치게 강조한 부분을 찾아, 의료나 의식주 문제를 개별 가정에 떠넘긴 국가의 태도를 비판하세요.

▲궁궐은 전국의 맹인을 모두 초청해 잔치를 열 만큼 백성에게 세금으로 거둔 재물이 풍족했다.

머리에 쏘옥

조선 시대 빈곤층과 장애인을 위한 복지 제도

(바)에서 알 수 있는 점은 궁궐이 전국의 맹인 잔치를 열 정도로 재물이 풍족했다는 사실입니다. 또 전국의 맹인들이 한두 끼의 음식을 먹기 위해 몰려들 만큼 가난했다는 것이죠. 끼니조차 해결하지 못하는 눈먼 아버지의 개안을 위해 심청을 두 번이나 죽음으로 내몰 만큼 효도를 지나치게 강조한 문제점도 알 수 있습니다. 한마디로 빈곤층과 장애인에 대한 복지 제도가 충분하지 못했기 때문입니다.

조선 시대에는 장애인의 부양가족에게 부역을 면제하거나, 일부 시각장애인에게 일자리를 주기도 했습니다. 하지만 먹고사는 문제라도 해결할 수 있도록 직접 지원하는 제도가 아니어서 효과는 크지 않았습니다.

조선 시대에는 대다수 백성이 양반 지주에게 땅을 빌려 농사를 지었죠. 그런데 땅을 빌린 대가로 내는 소작료와 국가에 내는 세금을 제외하면 40%도 남지 않았습니다. 게다가 양반은 세금을 내지 않아 빈부 격차가 무척 심했어요.

이런 상황에서 자기 목숨을 두 번이나 바칠 만큼 효도를 강조해야 자식도 많이 낳고, 국가의 복지도 개별 가정에 저항 없이 떠넘길 수 있었던 것으로 볼 수 있습니다.

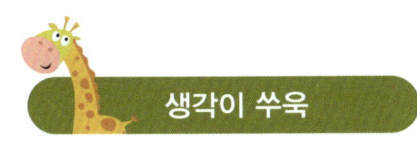

생각이 쑤욱

8 아래 제시한 글을 읽고, 오늘날 효의 정신과 전통 사회 효의 정신이 달라진 점을 지적하고, 심청전에서 교훈을 얻어 참된 효의 방향을 제시하세요(400~500자).

> 김복동 씨는 남은 재산을 자식에게 물려주려고 했다. 그런데 주위에서 자식에게 미리 재산을 물려주면 부모 대접을 받기 어려우니 효도 계약을 하라고 했다. 효도 계약이란 부모가 자식에게 효도한다는 조건으로 재산을 주는 것이다. 자식이 약속을 어기면 재산을 돌려받는다는 내용이 들어 간다.
>
> <신문 기사 참조>

▲불효를 막기 위해 효도계약서를 쓰는 가정도 있다. 효도가 계약 관계로 바뀐 것이다.

11 국내 문학

신분 차별 없는 평등한 세상 그려

『잘못된 세상을 뒤집는 통쾌한 모험 이야기 홍길동전』
김진섭 지음(허균 원작), 고래가숨쉬는도서관 펴냄, 160쪽

 줄거리

　홍길동은 홍 판서와 그의 노비였던 춘섬 사이에 태어난 서출이다. 길동은 어려서부터 총명하고 학식과 도술에 뛰어났으나 서출 신분 때문에 천대를 받고 자란다. 길동은 홍 판서의 첩인 초란의 음모로 죽을 위기에 몰리는데, 도술을 써서 빠져나온다. 그런 뒤 집을 떠나 도적패의 우두머리가 되어 각 지방의 탐관오리들을 혼내 주고 재물을 빼앗아 가난한 백성들에게 나눠 준다. 홍길동은 도둑으로 쫓기다가 일부러 잡혀 왕 앞에 나아가 차별받는 서출의 억울함을 호소한다. 왕은 그를 병조판서(지금의 국방부 장관)에 임명한다. 하지만 그는 이를 마다하고 부하들과 함께 섬나라인 율도국으로 건너가 신분 차별이 없는 이상 국가를 건설한다.

본문 맛보기

아버지는 양반이지만 어머니 신분 따라 노비로 자라

▲길동은 양반의 자식이지만, 노비인 어머니의 신분을 따라 노비로 자랐다.

(가) "비록 영특하나 천한 종의 자식을 어디에 쓰리오." 홍 대감이 하늘을 올려다보며 한숨 쉬듯 말을 내뱉었다. 종의 자식이라는 말이 길동의 가슴에 날아와 날이 선 칼날처럼 내리꽂혔다. 홍 대감은 세 명의 부인에게서 아들 둘을 두었다. 안방마님은 열 살 터울이 지는 형 길현을 낳았고, 사랑방 종이었던 춘섬이가 길동을 낳았다. 형인 길현과 길동은 비록 같은 아버지의 자식이라고 하여도 신분에는 말할 수 없이 큰 차이가 있었다. 길현은 어엿한 양반댁 도련님이었지만, 길동은 어린 종에 지나지 않았다. 종에게서 태어난 아이는 아버지 성을 따랐지만 신분은 천한 어미 쪽을 따라야 했다. 그것이 곧 나라의 법이었다. (10~11쪽)

홍 대감에게 서출의 억울한 입장 말하고 집 나와

▲길동은 홍 대감에게 자신의 억울한 처지를 말하고, 집을 나온다.

(나) 관상쟁이는 홍 대감의 눈치를 살피며 더듬거렸다. "도련님은 모든 사람의 위에 있을 관상입니다. 그러나 서출이라 하시니 헤아리지 못할 재앙만 있을 뿐입니다." 길동의 마음은 구슬퍼졌다. "아버지를 아버지라 부르지 못하고, 형을 형이라 부르지 못하여 집안의 종들조차 저를 보잘것없게 여깁니다. 이렇게 억울한 일이 어디 있습니까?" 길동은 한낱 종이나 다름없이 천한 자신을 죽이려 했던 안방마님이 이해되지 않았다. "대감마님, 집안에 흉흉한 일이 있어 목숨 때문에 도망하여 나가려 합니다. 이제 집을 떠나오니 부디 몸을 보존하시옵소서." (14~18, 30쪽)

이런 뜻이에요
서출 정식 아내가 아닌 첩이 낳은 자식.

본문 맛보기

서출의 한계 느끼고 도둑 우두머리 되기로 결심

(다)길동은 말없이 생각에 잠겼다. 지금까지 살아온 길이 그리 편치는 못했다. 아무리 몸부림쳐도 천한 신세에서 벗어날 수 없었다. 홍 대감을 아버지라고 부를 수 있다고 한들 양반은 되지 못했다. 종으로 매이지 않았다고 할 뿐이지 여전히 천것이었다. 차라리 도둑의 수령이 되는 것도 괜찮을 것 같았다. 길동은 커다란 바위를 잡았다. 온 힘을 팔과 허리에 모았다. 바위가 머리 위로 번쩍 올라갔다. 맹춘이 길동을 잡아끌며 큰 소리로 외쳤다. "우리 대장군을 모십시다! 천하의 장사를 모시니, 이 얼마나 기쁜 일입니까!" (45~50쪽)

▲길동은 천한 신분으로 사느니 도둑의 우두머리가 되기로 결심한다.

부패한 관리들 혼내고 훔친 곡식 나눠 줘

(라)"곡식 가마니가 장부에 적힌 수량보다 실제 수량이 많이 부족하고 모래가 섞여 있는 듯합니다. 곡식을 빼돌리고 대신 모래를 섞은 것이 분명합니다." 맹춘이 길동에게 고하자 관아의 구실아치들이 벌벌 떨었다. "이런 괘씸한 것들! 감히 창고 관리를 소홀히 하고 백성들에게 나누어 줄 곡식으로 장난질을 치다니. 여봐라, 모두 묶어라!" 관아에 있던 사람들을 모두 가두자 이제는 완전히 활빈당 세상이 되었다. 이에 길동은 고을 사람들을 모이게 했다. "가난하고 헐벗은 백성들은 모두 모이시오. 관아에서 구휼미를 나누어 주니 모두 받아 가시오!" (71~74쪽)

▲의적 무리인 활빈당을 만들어 가난한 백성들을 돕는다.

이런 뜻이에요
구실아치 관리 밑에서 일을 돕던 사람.
구휼미 재난을 당한 사람이나 가난한 백성을 돕는 데 쓰는 쌀.

일부러 붙잡힌 뒤 왕에게 신분 차별 부당함 알려

▲왕은 길동의 억울함을 달래려고 하루만 병조판서가 될 것을 허락한다.

(마)"홍 승상에게 듣자니 종 문서를 태웠다고 하더구나. 그런데도 도둑질로 나라를 어지럽히니 네 죄가 큰 것을 잘 알고 있겠지?" "전하, 비록 종 문서를 태워 버렸다고 해도 여전히 천한 상것이옵니다. 신에게 오직 하나 한이 있다면 천한 신분에서 벗어나 자식과 그 손자들이 대대로 천대를 받지 않게 하는 일입니다." 마음 여린 임금은 눈물이 그렁그렁한 눈으로 길동을 내려다보았다. "단 하루만 길동에게 병조판서를 시키면 아니 되겠습니까? 그래서 백성이 편안하고 나라가 안정된다면요? 백성들이 편안해야 나라가 편안해집니다." 어린 임금이 더할 나위 없이 정성껏 말하자 벼슬아치는 한 걸음 뒤로 물러났다. (98~99쪽)

율도국에서 신분 차별 없는 평등한 나라 세워

▲길동은 율도국을 다스리며 신분 차별 없는 사회를 만든다.

(바)나라의 관리들이 길동을 쫓자 길동은 몇 달 동안 무리를 이끌고 갈 곳을 찾기 위해 정신없이 바빴다. 율도국에는 육십여 개 마을에 오천여 명 정도 살고 있었다. 달포가 지난 뒤 길동은 촌장들을 모두 불러 잔치를 벌였다. 이 잔치에서 길동은 새로운 법을 만들어 세웠다. 각 마을은 촌장이 다스리고 나라 전체 일은 촌장들이 모여 의논해 결정하기로 했다. 그리고 왕이 죽으면 다음 왕 역시 촌장 회의를 통해 뽑기로 했다. 촌장들은 길동을 율도국의 왕으로 뽑았다. 이제 모든 마을은 서로 평등해졌다. 마을이 평등해지자 사람들까지 평등해졌다. (108, 124~125쪽)

생각이 쑤욱

1 (다)의 밑줄 친 부분을 참고해서, 길동이 왜 도둑 떼의 우두머리가 되기로 결심했는지 밝히세요.

2 '홍길동전'에는 차별을 없애고 평등한 사회를 만들어야 한다는 내용이 담겨 있습니다. 오늘날 장애인이나 노인 등 교통 약자들의 평등권을 실현하기 위해 만든 시설이나 제도를 대고, 어떤 점이 평등권을 실현하는 데 기여했는지 설명하세요.

▲저상버스는 휠체어로 이동해야 하는 장애인들의 평등권을 보장하기 위해 도입했다.

머리에 쏘옥

평등권

▲지하철에 지정된 임신부 배려석(핑크색).

평등권은 누구나 성별, 나이, 종교, 장애 등을 이유로 차별받지 않고 평등한 대우를 받을 권리를 말해요. 이는 민주주의 기본 원리로, 우리 헌법에도 보장되어 있어요.

신분 차별이 없는 평등한 세상을 주제로 한 '홍길동전'은 한글로 쓰였는데, 당시 어려운 한자를 배울 수 없던 백성들을 배려한 것입니다.

최근에는 교통 약자인 장애인이나 노약자, 임신부도 버스에 오르내리기 쉽게 바닥을 낮춘 저상버스가 나왔지요. 계단 경사로나 지하철에 설치된 리프트, 엘리베이터도 이에 속합니다.

생각이 쑤욱

3 조선 시대 '서얼 차별법'처럼 나라에서 인재를 쓸 때 신분 차별을 두는 것이 개인과 사회에 해가 되는 까닭을 설명하세요.

> 하늘이 인재를 낼 때는 신분의 귀천이나 지역에 상관없이 골고루 낸다. 우리나라는 중국보다 나라가 좁고 인구가 적어 인재가 적은데, 신분이 미천해서 제외하고, 어머니가 재혼해서 제외하고, 서자라서 제외하다 보니 정작 쓸 인재가 없다. 혹시 빠진 인재들이 없는지 걱정해도 시원치 않은데, 정치를 하는 사람들이 인재를 찾는 길을 막고서 인재가 없다고 탄식만 한다.
> -허균의 '유재론'에서-

▲ '홍길동전'을 쓴 허균.

4 (라)에서 홍길동은 관리를 위협하고 곡식을 훔쳐 가난한 백성들에게 나눠 줍니다. 홍길동이 유죄인지 무죄인지 판결하고, 판결문을 낭독해 보세요(1분 30초).

▲ 2008년 KBS-2 TV에서 24부에 걸쳐 방송된 '쾌도 홍길동'의 포스터. 홍길동은 부패한 관리들을 혼내 주고 백성을 도운 의적으로 칭송을 받는다.

머리에 쏘옥

개혁가 허균

'홍길동전'을 쓴 허균(1569~1618)은 조선 시대 이름난 가문에서 태어난 문장가이자 개혁가랍니다. 그가 살았던 16세기는 유교의 신분 질서를 강조하던 시기였어요. 하지만 그는 불교와 천주교까지 여러 학문을 공부하고, 신분에 관계없이 다양한 계층의 사람들과 교류했어요.

그는 신분제가 조선의 발전을 가로막는다고 생각해, 능력 있는 인재를 차별 없이 쓰라고 주장했지요. 하지만 이런 그의 주장은 사회 안정을 해치는 것으로 간주되었고, 역적으로 몰려 죽임을 당했어요.

서얼 차별법

서얼은 정식 아내가 아니고 신분도 천한 어머니와 양반 아버지 사이에서 태어난 자손을 말해요.

이들은 양반에 속하지만 실제로는 차별을 받아 높은 관리가 되는 시험(문과)에 응시할 자격도 없었죠. 후손도 서얼이어서 대대로 차별을 받았습니다. 그런데 조선에만 있던 제도로, 양반들끼리 대를 이어 벼슬을 독점하기 위해 만들었답니다. 이 때문에 서얼들은 불만을 품고 반란을 일으키기도 했어요.

생각이 쑤욱

5 (바)에서 율도국 사람들에게 모두 평등이 보장되도록 3개 조항으로 이뤄진 '차별 금지법'을 만들고 형량도 정해 보세요.

차별 금지법

1조. 갑질을 금지한다. 돈이나 권력이 있는 사람이 자신보다 어려운 처지의 사람에게 반말이나 욕을 하고, 신체 폭력을 가하면 유배 1년에 처한다.

2조.

3조.

---

6 '홍길동전'은 우리나라 대표 고전으로, 외국에서도 책으로 냈습니다. 평등을 주제로 한 우리나라 고전 소설 가운데 외국에 소개하고 싶은 작품을 한 가지만 골라 줄거리를 말해 보세요.

▲미국 출판사가 출판한 영어판 '홍길동전'.

머리에 쏘옥

조선 시대의 신분 차별

조선 시대에는 신분에 따라 차별을 뒀는데, 양반은 최고 지배층으로 특권을 누렸어요. 양반만 과거에 응시해 벼슬에 오를 수 있었고, 법을 만들 때도 양반들에게 유리하도록 했지요. 세금이나 병역도 면제 받았어요. 죄를 지어도 집안의 노비가 대신 매를 맞았죠.

하지만 평민이나 천민은 벼슬길에 오를 수 없었고, 가난해서 글 공부를 하거나 교육을 받을 여유가 없었어요. 남녀 차별도 심해 여성은 양반이라도 관리가 될 수 없고, 집안일만 해야 했답니다.

평등 의식이 담긴 고전

우리 고전 가운데 평등 의식을 주제로 한 작품은 '춘향전'을 들 수 있어요. 천민 신분인 기생의 딸 춘향이 어려움을 이겨 내고 양반집 아들인 이몽룡과 결혼한다는 이야기입니다. 그때는 양반끼리만 결혼할 수 있었는데, 신분을 뛰어넘은 사랑 이야기여서 평민들에게 인기가 많았어요.

'박씨전'도 있어요. 얼굴이 못생기고 신분도 낮은 박씨 부인이 지혜와 용기를 발휘해 쳐들어온 적을 무찌르고 나라를 구한다는 이야기죠. 여성도 나라에 도움이 되는 일을 할 수 있다는, 여성 차별을 비판한 소설입니다.

생각이 쑤욱

7 '홍길동전'은 당시 사회 질서를 어지럽힌다는 이유로 보지 못하게 금서로 지정했습니다. 아래 제시문을 참고해 사회 발전을 위해 '홍길동전'을 금서에서 풀어 달라고 설득하세요.

> 국민 모두 자유롭게 자신의 생각을 표현하며 들을 수 있어야 다양한 의견이 모아져 나라의 올바른 정책이 만들어진다. 따라서 나라에서 출판이나 방송을 제한하고, 국민들에게 "이 내용은 사회를 어지럽게 만드니 금지한다."고 해서는 안 된다. 어떤 생각이나 의견의 옳고 그름은 여러 사람들의 논의와 토론 과정에서 자연스럽게 결정되어야 한다.

▲어린이들이 읽으면 주인공처럼 버릇이 없어진다고 1980년대 말 출판을 금지했던 '아기공룡 둘리' 만화책.

머리에 쏘옥

언론과 출판의 자유

언론과 출판물은 정부나 사회를 감시하고 비판하는 역할을 합니다. 따라서 정부의 통제를 받으면 공정한 여론이 만들어지지도 못하고, 올바른 정치도 하기 어렵답니다. 그래서 민주주의 국가는 언론과 출판의 자유를 헌법으로 보장하지요.

금서 읽기 운동

우리나라는 2015년부터 한 문화 단체에서 '금서 읽기 운동'을 하고 있어요. 표현의 자유와 독자의 권리를 지키기 위해서지요.

금서 읽기 운동을 하는 까닭은, 나라가 국민의 자유로운 사상이나 감정을 통제하면 문화가 발전하지 못하고 다양한 사고가 싹틀 수 없기 때문이지요.

▲'금서 읽기 운동' 포스터.

생각이 쑥쑥

8 아래 글을 참고해 모든 사람을 똑같이 대우하는 것이 평등이 아닌 까닭을 설명하고, 평등한 사회를 만들기 위한 방안을 논술하세요(400~500자).

"급식 배급이 불공평한 것 같아요. 선생님은 장애 친구를 늘 앞줄에 서게 하시잖아요. 장애가 있다고 무조건 앞줄에 서서 맛있는 반찬을 양껏 먹게 하는 것은 차별이 아닌가요?" 행복이가 선생님에게 항의했다. "평등은 사람을 차별하지 않고 공평하게 대우하는 것이에요. 하지만 무조건 똑같이 대우하는 것을 뜻하지는 않아요. 여자와 남자, 노인과 젊은이, 장애인과 일반인 등 저마다 가진 차이를 인정하고 배려해야 해요." 선생님은 행복이에게 평등에 관해 설명하셨다. 선생님은 또 "평등한 사회가 되려면 우선 법을 잘 지켜야 해요. 법은 모든 사람에게 평등하게 적용되니까요. 그리고 사회·경제적 약자들이 경쟁에서 공평한 기회를 가질 수 있도록 배려가 필요해요."라고 말씀하셨다.

<신문 기사 참조>

▲모든 사람을 똑같이 대우하는 것이 평등은 아니다.

12 세계 문학
공장 맞춤 생산 소년의 정체성 찾기

『깡통 소년』
크리스티네 뇌스틀링거 지음, 아이세움 펴냄, 204쪽

줄거리

콘라트는 공장에서 제작된 여덟 살짜리 남자 아이다. 도덕적으로나 지적으로 완벽한 교육을 받고 자랐다. 바톨로티 부인 집에 배달된 콘라트는, 부인과 그 친구인 에곤 씨의 사랑을 받으며 안정을 찾는다. 그런데 공장에서 배달 착오였다며 콘라트를 돌려 달라는 편지를 받는다. 부인은 콘라트와 헤어지기 싫어 공장 사람들 앞에서 콘라트가 거칠게 행동하도록 작전을 짠다. 이를 본 공장 사람들과 원래 콘라트를 주문했던 부부는 콘라트를 포기한다. 콘라트는 사랑하는 사람들을 떠나지 않게 되었으나 앞으로 어떤 모습으로 살아야 할지 고민한다.

배달된 소포에서 주문 생산한 남자 아이 나와

▲바톨로티 부인이 깡통 뚜껑을 열자 남자 아이가 나왔다.

(가)바톨로티 부인은 특별한 주문을 한 기억이 나지 않았다. 그래도 배달된 소포의 포장지를 뜯었다. 커다란 은색 깡통이 보였다. 깡통 안에서 꼬마 아이가 인사를 하면서 '사랑하는 엄마'라고 불렀다. 바톨로티 부인은 놀라서 정신을 차릴 수 없었다. 아이가 깡통 밖으로 나와 하늘색 봉투를 건넸다. 봉투 안에서는 출생 증명서와 예방 접종 증명서, 편지 등이 나왔다. 편지에는 부모님이 그토록 소망하시는 일이 현실로 이루어졌다며, 자신들에게 주문해 생산한 자녀분과 행복한 삶을 사시기를 바란다고 적혀 있었다. (16~18, 21~24쪽)

금지된 행동 하면 마음 불편해지게 교육 받아

▲콘라트는 잠을 자기 전에 사탕을 먹으면 마음이 편하지 않도록 교육을 받았다고 했다.

(나)바톨로티 부인은 아이를 키운 경험이 없어 콘라트를 어떻게 대해야 할지 몰라 쩔쩔맸다. 콘라트는 자기가 설거지나 청소, 쓰레기통 비우는 일을 하겠다고 말했다. 부인이 집에 장난감도 많다고 하자, 여덟 살짜리 아이에게는 한동안 한 가지 장난감만 가지고 놀면서 집중하는 게 좋다고 말했다. 안 그러면 성격이 신경질적으로 변할 수 있다고 덧붙였다. 그리고 잠자기 전에 먹지 말아야 할 사탕을 먹어 마음이 편하지 않다고 고백했다. 그러면서 '완제품반'에선 금지된 행동을 하면 마음이 편하지 않게 교육을 받았다며 슬퍼했다. (34, 40~45, 58쪽)

본문 맛보기

영리하고 예의 바른 콘라트에게 한눈에 반해

(다)바톨로티 부인의 남자 친구인 에곤 씨는 영리하고 예의 바른 콘라트에게 반해 아빠가 되겠다고 말했다. 그는 콘라트를 3학년이나 4학년에 넣자고 했다. 그러나 바톨로티 부인은 여덟 살짜리를 그럴 수는 없다고 했다. 에곤 씨는 콘라트가 받을 성적표를 기대하면 마음이 셀렌다고 했는데, 바톨로티 부인은 지금부터 성적을 기대하고 싶지는 않다고 말했다. 에곤 씨는 바톨로티 부인에게 콘라트처럼 영리한 아이를 기르기에는 부적합하다며, 콘라트의 교육을 자기가 맡으면서 최고의 사립학교에도 보내겠다고 밝혔다. (59~62, 75~76, 122~124쪽)

▲에곤 씨는 영리한 콘라트를 전문 기관에 맡겨 최고의 교육을 받게 하고 싶었다.

교육 받은 대로만 행동해 아이들에게 미움 사

(라)콘라트는 아이들과 어울려 논 경험이 부족해 실수도 많이 했다. 수학 실력이 형편없는 짝꿍 프레디가 답을 물었지만 가르쳐 주지 않았다. 선생님이 쪽지 시험을 보는 동안 옆 사람과 절대로 말하면 안 된다고 했기 때문이다. 안네가 창문틀 귀퉁이를 깼을 때도 아이들은 모르는 척했지만 콘라트는 선생님께 안네가 그랬다고 고자질했다. 선생님이 콘라트를 반장으로 임명했다. 열린 창문 가까이 가거나 싸우는 아이들의 이름을 모두 적었다. 이름이 적힌 아이들은 선생님한테 야단을 맞았다. 그러자 모두 콘라트를 미워하기 시작했다. (131~133쪽)

▲콘라트는 고자질을 해서 반 친구들에게 괴롭힘을 당했다.

잘못 배달된 콘라트 지키기 위한 작전을 짜

▲콘라트가 공장의 착오로 잘못 배달되었음이 밝혀졌다.

(마)'저희 공장의 컴퓨터 시스템 고장으로 귀하께서 주문하지 않은 여덟 살짜리 소년이 배달되었으니, 돌려주실 것을 요청합니다.' 바톨로티 부인이 편지를 보고 얼굴이 새파랗게 질렸다. 콘라트는 "엄마가 제 엄마이고, 그것도 좋은 엄마"라고 외쳤다. 그리고 여기서 살고 싶다고 말했다. 바톨로티 부인이 공장 사람들은 자기들이 보낸 성적표에 적힌 대로 말을 잘 듣고, 예의 바르고, 착한 인스턴트 아이를 찾을 테니 작전을 짜야 한다고 말했다. 그러면서 아이 모습을 완전히 바꿔 놓아 알아보지 못하게 하자고 했다. (141~143, 160쪽)

콘라트의 거친 말과 행동에 놀라 회사에서 포기

▲공장 관계자는 콘라트가 자기 회사 소유물이라며 내놓으라고 요구했다.

(바)은테 안경의 사내는 콘라트가 자기 회사 소유물이라며 아이를 내놓으라고 했다. 그러나 콘라트는 세 번을 불러도 나오지 않았다. 회색 옷을 입은 부부는 말을 잘 듣는 착한 아이를 주문했는데 왜 안 나오냐며 따졌다. 그때 콘라트는 누가 나를 꽥꽥 불렀냐며 층계 난간을 타고 내려오다 회색 옷을 입은 아내의 배를 발로 찼다. 그 부부는 너무 끔찍한 아이라며 가 버렸다. 은테 안경의 사내도 자기 회사 제품이 아니라고 가 버렸다. 공장에서 '죄의식'이라는 과목을 배운 콘라트는 앞으로도 계속 이렇게 살아야 하는지 다시 예전처럼 살아야 하는지 고민에 빠졌다. (193~201쪽)

생각이 쏙쏙

1 대다수 부모는 콘라트처럼 공부도 잘하고 말을 잘 듣는 아이를 바랍니다. 세상에 모두 콘라트 같은 아이만 있다면 어떤 문제가 생길까요?

2 (가)~(라)를 참고해, 콘라트가 공장에서 만들어질 때 어떤 교육을 받았을지 추측해 보세요.

▲콘라트는 공장에서 주문 생산된 맞춤형 아이다.

머리에 쏙쏙

공장에서 만들어진 아이 콘라트

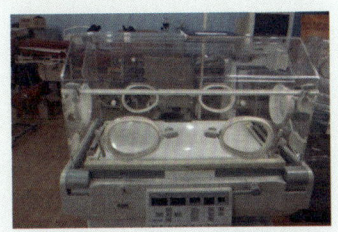
▲미숙아나 출생할 때 이상이 있는 아기를 넣어 키우는 인큐베이터.

콘라트는 손님의 주문에 맞추어 공장에서 생산된 아이입니다. 공장에서 배운 대로 공부도 열심히 하고, 말썽을 피우지도 않습니다. 심지어 자신의 감정조차 공장에서 가르친 대로 느낀답니다.

항상 어른들이 시키는 대로 행동합니다. 나쁜 말이나 욕설은 입에 담지 않으며, 남을 때리는 일도 없습니다. 잠들기 전에 군것질은 생각조차 못하지요. 산타클로스나 아기 예수, 교회가 무엇인지도 모릅니다. 그런데 시험에서는 늘 100점만 맞습니다.

생각이 쑥쑥

3 (라)에서 콘라트가 반 아이들의 미움을 산 까닭은 무엇이며, 내가 공장의 맞춤형 아기 설계자라면 어떤 교육 프로그램을 보충할 건가요?

▲콘라트는 선생님의 칭찬을 독차지했지만 친구들에게는 미움을 받았다.

4 바톨로티 부인과 에곤 씨는 영리한 콘라트의 교육을 놓고 서로 생각이 달랐어요. (다)와 아래 글을 참고해, 바톨로티 부인의 입장에서 에곤 씨의 주장을 반박하세요.

> 바톨로티 부인은 콘라트가 너무 어른스러운 데다 규칙에 얽매여 하는 행동이 답답했다. 그래서 콘라트에게 무엇을 좋아하는지 묻고, 마음껏 하고 싶은 대로 하라고 말했다. 그리고 다른 사람들이 자신을 어떻게 생각하고, 뭐라고 하는지 신경을 쓰지 말라고 했다. 부인은 보통의 어린이들이 멋대로 하는 행동을 더 자연스럽게 받아들였다. 또 천사나 산타클로스가 있다고 가르치기보다는 있는 그대로의 진실을 가르쳐야 한다고 생각했다.

▲바톨로티 부인은 콘라트가 보통 아이들처럼 평범하고 건강하게 자라기를 바랐다.

머리에 쏙쏙

콘라트가 반 친구들에게 미움을 받은 까닭

콘라트는 공부뿐 아니라 뭐든지 잘해서 반 아이들의 부러움을 삽니다. 하지만 아이다운 마음이 없어서 반 아이들이 싫어합니다.

콘라트가 반 친구들에게 나쁜 마음이 있는 것은 아니었어요. 그런데 선생님이 물으면 모두 털어놓아 아이들에게 배신자로 낙인이 찍히지요.

반 친구들이 콘라트를 따돌리는 게 잘하는 일은 아닙니다. 하지만 반 친구들의 마음을 이해하지 못했던 콘라트에게도 문제가 있지요.

바톨로티 부인의 성격

바톨로티 부인은 예의 바름, 단정함, 얌전함 등을 아주 싫어하고 독특하고 특별한 것을 좋아합니다. 계획적이지 않으며 즉흥적입니다. 다른 사람의 눈치도 보지 않습니다. 하지만 본인의 개성이 강한 만큼 자기와 다른 이도 존중할 줄 압니다. 이런 그가 콘라트를 만난 뒤 청소와 정리 정돈도 하고 식사를 준비하는 등 좋은 엄마가 되기 위해 노력했습니다.

생각이 쑤욱

5 지능이 높은 아이만 골라 낳을 경우 생길 수 있는 문제점을 지적하세요.

6 바톨로티 부인과 에곤 씨, 콘라트는 서로 생각과 생활 방식이 달랐는데, 이들이 진정한 가족이 될 수 있었던 까닭을 말해 보세요.

머리에 쏘옥

금지된 행동을 한 콘라트

콘라트는 교육을 받은 대로만 행동할 수 있었죠. 공장에서 '죄의식'이라는 과목을 배웠기 때문에 나쁜 말이나 노래를 들으면 눈물부터 흘렸죠. 그리고 다른 사람을 놀리거나 욕하는 행동은 하지 못했어요.

그런데 공장 사람들이 콘라트를 찾으러 왔을 때는 금지된 행동을 했어요. 사실 콘라트가 처음 배달되어 왔을 때는 공장에서 가르친 대로만 행동하는 로봇과 같은 아이였어요. 그런데 생활하면서 바톨로티 부인과 에곤 씨, 아래층에 사는 친구 키티를 사랑할 줄 아는, 감정이 있는 사람으로 바뀐 것이죠.

▲콘라트는 공장 사람들이 자기를 찾으러 왔을 때 거친 말과 난폭한 행동을 한다.

생각이 쑤욱

7 (바)의 밑줄 친 부분에서, 공장에서 가르친 대로만 하던 콘라트가 이런 갈등을 하게 된 까닭을 생각해 보고, 콘라트의 고민을 덜어 줄 아이디어를 내 보세요.

▲콘라트는 앞으로도 계속 금지된 행동을 하며 살아야 하는지 혼란스러웠다.

머리에 쏘옥

콘라트는 스스로 판단할 수 없어

콘라트는 자신의 의지대로 생각하고 결정하도록 훈련을 받지 못했어요. 그래서 배운 대로만 행동하죠. 무슨 일이든 물어 보고 허락을 받아요.

다른 사람들과 어울려 산 적이 없어서 어떻게 행동해야 하는지도 모릅니다. 심지어 자신이 무엇을 좋아하는지도 몰라요. 그래서 상황에 알맞게 대처하지 못해 친구들의 미움을 산 것이죠.

무슨 일이든 잘하는 것보다 가족이나 이웃, 친구 등 다른 사람을 배려하는 마음이 중요하다는 사실을 깨달아야 합니다.

생각이 쑥욱

8 공장에서 인간을 만들어 파는 것을 놓고 찬반 의견 가운데 하나를 고른 뒤, 콘라트를 사례로 들어 1분 30초 동안 자신의 의견을 밝히세요(400~500자).

> 인간을 대량 복제해 판매하면 아기를 갖지 못하는 사람이나 임신이 안 돼 고통을 받는 사람들에게 도움이 된다. 신장이나 골수 등 장기 이식이 필요한 사람에게도 희망을 줄 수 있다. 하지만 생명의 존엄성을 해치고 남녀 간의 결혼을 전제로 한 가족 공동체가 파괴된다. 유전적으로도 동일해져서 진화가 되지 않고, 질병에도 약해진다. 또 돈이 많은 사람은 복제된 장기를 이식 받아 건강하게 장수할 수 있지만 가난한 사람은 그렇게 하지 못해 차별이 생긴다.
>
> <신문 기사 참조>

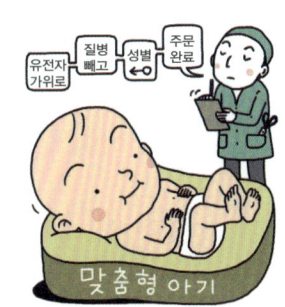

▲맞춤형 아기를 놓고 유전병을 막을 수 있다는 주장과 생명의 존엄성을 해친다는 주장이 맞선다.

초등학생 문해독서 고급 1호 답안과 풀이

01. 『다윈이 들려주는 신비한 진화 이야기 종의 기원』

♣ 11쪽

1. 예시 답안

같은 종이라도 환경이나 조건에 따라 변할 수 있다는 사실을 알았다. 갈라파고스 제도에서 발견된 핀치새는 육지의 핀치새와 모양은 비슷하지만, 부리 모양이 다르고 서식하는 위치에 따라 외형의 차이가 있었다.

2. 예시 답안

다윈의 자연선택설은 생활 조건에 적합한 생물은 생존하지만 적합하지 않으면 사라진다고 주장했다. 생활 조건에 잘 적응한 개체는 생존에 유리한 형질을 자손에게 전달한다. 이런 현상이 대를 이으면 선조와는 다른 형질을 가진 종으로 차츰 변하게 된다는 것이다. 원래 기린의 목 길이는 다양했다. 그런데 목이 짧은 기린은 잎을 먹지 못해 죽고, 목이 긴 기린만 살아남았다. 목이 긴 기린이 자손을 남기고, 이 과정이 반복되어 기린의 목은 지금처럼 길어졌다는 것이다. 라마르크의 용불용설은 생물은 변화된 환경에 적응하기 위해 습성이 변하고, 그 결과 새로운 습성에 따라 사용하는 기관은 점점 더 발달하고 사용하지 않는 기관은 점점 퇴화한다고 주장했다. 그래서 발달하거나 퇴화한 형질이 자손에게 전해져 진화가 일어난다는 것이다. 원래 기린의 목은 짧았다. 그런데 높은 가지의 잎을 먹으면서 목이 점점 길어졌다. 기린이 높은 가지의 잎을 먹기 위해 목을 늘리는 과정이 반복되어 기린의 목이 지금처럼 길어졌다는 것이 용불용설이다.

♣ 12쪽

3. 예시 답안

창조론은 모든 생명체가 태어날 때부터 신에 의해 창조되었다고 주장하는 이론이다. 종교인은 종교적 신앙을 약화시킬 우려가 있어 진화론에 반대한다. 진화론 때문에 성경의 창조설이 부정되면 사람들은 성경의 다른 내용까지 의심하게 된다. 그래서 성경의 권위가 떨어져 종교적 신앙이 약해지면 사회가 타락한다고 생각한다.

4. 예시 답안

사회진화론은 불평등 구조나 인종 차별도 적자 생존의 결과로 정당화하는 문제점이 있다. 사회진화론은 인간 사회의 생활도 생존 경쟁이고 적자 생존에 의해 지배된다고 주장했다. 그리고 자연선택의 과정을 통해 우수한 경쟁자만 살아남아 인구의 질이 계속 향상된다고 믿었다. 또 이러한 논리를 사회에 적용해 극심한 빈부 격차가 나는 일도 당연하게 여겼다. 또 강대국이 약소국을 식민지로 삼고, 백인이 유색 인종을 지배하는 일도 당연하게 받아들였다.

♣ 13쪽

5. 예시 답안

생물의 종이 다양성을 유지해야 하는 까닭은 모든 생물이 다양한 방식으로 연결되어 있기 때문이다. 같은 곳에서 서식하는 생물은 서로 먹고 먹히거나 도와가며 복잡한 관계를 맺고 있다. 따라서 하나의 생물종이 사라지면 그와 관계를 맺고 있던 다른 생물도 심각한 영향을 받고, 어떤 종은 먹잇감이 사라져 멸종할 수도 있다.

6. 예시 답안

사람의 흔적기관은 과거에 사용되던 기관이 살아가는 방식이나 환경이 달라지면서 사용하지 않게 되어 퇴화했다는 사실을 보여 준다. 따라서 흔적기관은 진화론을 뒷받침하는 증거가 된다. 현재 사용되는 기관의 이전 단계가 어떠했는지를 보여 주는 기록과 같기 때문이다. 이는 모든 동식물이 어떤 하나의 원형에서 출발해 현재의 모습으로 진화했음을 나타낸다.

♣ 14쪽

7. 예시 답안

1000년 뒤에 인간은, 머리가 커지고 팔과 다리는 가늘어지면서 길이가 길어지며, 배가 볼록할 것 같다. 지능이 발달해 뇌가 커지고, 컴퓨터나 스마트폰을 지속적으로 사용해 손가락이 가늘고 길게 변할 수 있기 때문이다. 그리고 움직이는 일도 거의 없고, 앉아 있는 시간이 늘어나면서 골반부터 발까지 가늘어질 것 같다.

♣ 15쪽

8. 예시 답안

▶ 진화론을 지지하는 입장 : 창조론과 진화론에 대한 논쟁은 오래전부터 시작되었다. 그러나 지구의 생명체는 진화했냐 창조되었냐를 놓고, 논쟁이 끊임없이 이어지고 있다. 진화론이 옳다고 생각한다. 진화론은 과학적 근거가 뚜렷하기 때문이다. 특히 다양하게 발견된 화석은 생물이 환경이나 조건에 적응해 변해 왔다는 사실을 보여 준다. 이 밖에도 분류학의 증거, 비교해부학의 증거, 유전학의 증거 등 진화론을 뒷받침하는 많은 과학적인 증거가 있다. 창조론은 종교적 신앙에 의지하기 때문에 신이 세상을 어떻게 창조했는지 과학적으로 밝히지 못하고 있다. 과학은 증명 가능한 방법으로 설명할 수 있어야 한다. 하지만 창조론에서 말하는 창조주는 과학적으로 설명할 수 없다. 또 창조론자의 주장대로 모든 생물이 일시에 완벽하게 창조되어 유지되었다면 고생대나 중생대 등의 구분을 설명할 수 없게 된다.

▶ 창조론을 지지하는 입장 : 창조론과 진화론에 대한 논쟁은 오래전에 시작되었다. 그러나 지구의 생명체는 진화했냐 창조되었냐를 놓고, 논쟁이 끊임없이 이어지고 있다. 창조론이 옳다고 생각한다. 창조론은 신이 우주의 만물을 창조했다는 의견을 말한다. 생명의 발생에 대해 많은 자연과학자는 자연발생설을 제시해 이 문제를 해결해 보려고 노력했다. 하지만 실험을 통해 생명이 자연 발생적으로 생길 수 없다는 사실이 입증되었다. 이는 생명이 출현하려면 신의 의지와 같은 초월적인 힘이 있어야 함을 뜻한다. 진화론은 우주와 지구가 생긴 과정을 설명하지 못한다. 진화가 이루어지려면 매우 오랜 시간이 필요한데, 지구는 그럴 만큼 나이가 많지 않기 때문이다. 진화론을 실험으로 증명할 수 없는 문제도 있다. 그리고 '종 내 변이'에 대한 증거는 있지만 '종 간 변화'에 대한 증거는 부족하므로 입증되지 못한 가설에 불과하다.

02. 『신문이 보이고 뉴스가 들리는 재미있는 미래 과학 이야기』

♣ 21쪽

1. 예시 답안

장점	농작물을 오래 보관할 수 있다/대량 생산할 수 있다 등.
단점	돌연변이 해충이 나올 수 있다/생태계의 먹이사슬이 작동하지 않을 수 있다 등.

2. 예시 답안

▶ 필요한 혈액보다 헌혈량이 부족한 나라가 많다.

▶ 인공 혈액은 감염 위험이 없다.

▶ 오래 보관할 수 있다.

♣ 22쪽

3. 예시 답안

곤충	특징	용도
파리	천장 같은 곳에서도 떨어지지 않고 잘 붙어 있다.	재난 지역의 수색과 구조, 전쟁 때 정찰 활동 등에 이용할 수 있다.
쐐기	다리의 끝에 빨판이 있어서 벽을 자유롭게 타고 움직일 수 있다.	재해 현장 정찰 등에 이용한다.
바퀴벌레	바닥이 평평하지 않은 지형에서 빠르게 움직일 수 있다.	산악 지대 등을 답사할 때, 사람보다 먼저 보내 위험한 곳인지 살펴볼 수 있다.

4. 예시 답안

▶ 간호사 로봇이 개발되어 수술실에서는 의사뿐 아니라 간호사도 자취를 감추는 등 의료 부문의 일자리가 줄어든다.

▶ 원격 진료 시스템이 발달하는 등 응급 의료 시스템이 바뀐다.

▶ 병원에 직접 가지 않아도 각종 검사와 치료를 받을 수 있다.

♣ 23쪽

5. 예시 답안(만화 생략)

▶ 인공 지능으로 생활이 편리해진다.

▶ 하늘을 나는 자동차가 등장한다.

▶ 수술 로봇의 등장으로 일자리가 줄어든 의사들이 늘어난다.

6. 예시 답안

화석 연료는 점점 줄고, 바람이나 태양을 이용한 재생 에너지 연구는 아직 확실한 성과를 내지 못하고 있다. 이런 가운데 에너지 문제의 해결사로 떠오르는 것이 생물 연료인 바이오매스다. 바이오매스 가운데 가장 많은 것은 식물 자원이다. 화석 연료는 한 번 쓰면 없어지지만, 바이오매스는 식물을 기르면 다시 얻을 수 있는 등 자연에서 손쉽게 구할 수 있다. 바이오매스의 장점은 화석 연료와 달리 오염 물질을 거의 만들어 내지 않는 것이다. 바이오매스의 원료는 나무, 고구마, 사탕수수, 해조류 등의 유기체나 종이, 음식물 쓰레기, 폐식용유 등의 폐기물이 있다. 바이오 에너지란 바이오매스를 태워 열을 얻거나, 가스 또는 액체, 고체 등의 형태로 가공한 연료를 말한다. 바이오 에너지 사용이 늘어나면 폐기물을 태워 없애므로 매립되는 쓰레기의 양이 줄고, 식물의 광합성을 통해 메탄과 이산화탄소를 흡수하므로 온실가스 배출도 감소한다.

♣ 24쪽

7. 예시 답안

▶ 찬성 : 이미 사라졌거나 사라질 위험에 놓인 생물 종을 되살리려는 복제 기술 연구가 활발하다. 복제 기술은 멸종 위기를 맞은 생물에게는 기쁜 소식이다. 동물 복제에 관한 소식으로 멸종 동물의 환생을 기대하는 사람이 많아졌다. 멸종 동물을 복원하면 생물 다양성을 유지하고 감소하는 지구 생태 시스템을 복원하는 데 이바지할 수 있다. 멸종의 원인을 밝혀내면 진화의 신비를 풀 수 있고, 빙하기에 살아남은 동물에게서 신약 개발의 단서를 찾을 수도 있다. 무엇보다 인류가 멸종시킨 동물은 인류가 되살릴 의무가 있다. 즉, 인류는 지난 1만 년 동안 자연에 커다란 구멍을 만들었다. 이제 인류는 이러한 피해 가운데 일부를 복구할 수 있는 능력이 있으므로 도덕적 책임을 져야 한다.

▶ 반대 : 사라진 생물은 그대로 두는 게 자연의 이치다. 매머드를 복원할 경우 매머드 사체가 녹으면서 그 속에서 기생하던 미생물이 깨어난다. 이렇게 되살아난 미생물이 사람을 공격할 수도 있다. 멸종 동물 복원은 이처럼 생태계에 혼란을 일으킬 수 있다. 복원 과정에서 불완전하고 위험한 동물이 등장할 가능성도 있다. 완전하게 복원되더라도, 한 번 도태됐던 생물이기 때문에 다시 멸종할 가능성도 있다. 복원된 동물을 보살피는 일도 문제이고, 불완전한 실험을 대규모로 실시할 경우 결과를 예측하기도 쉽지 않다. 비용도 만만치 않다. 한 종을 복원하는 데에만 천문학적인 돈이 필요하다고 한다. 그러느니 멸종된 동물을 되살리는 자원을 지금 멸종 위기에 놓인 동물을 지켜 내는 데 쓰는 것이 더 효과적이다.

♣ 25쪽

8. 예시 답안

과학 기술이 발전하면서 생활이 예전과는 비교할 수 없을 만큼 개선되었다. 하지만 과학 기술의 발전은 긍정적인 면과 부정적인 면을 동시에 지니고 있다. 예를 들어 유전자조작식품은 유전자 재조합을 통해 새롭게 만들어진 농작물을 원료로 만든 식품을 말한다. 유전자 재조합은 유전자를 인위적으로 바꿔 원래 생물의 단점을 없애고 사람에게 도움을 주는 생물로 탈바꿈시킨다. 유전자 재조합 기술로 농작물을 오래 보관하고, 대량 생산할 수 있게 만들어 먹을거리에 대한 걱정을 해결할 수 있을 것이다. 하지만 유전자 재조합 식물은 생태계 질서에 영향을 끼칠 수 있다. 유전자 재조합을 통해 해충을 견디는 식물을 만들었는데 다시 그 식물을 이기는 돌연변이 해충이 나오는 등 생태계의 먹이사슬이 작동하지 않을 수 있기 때문이다. 이처럼 유전자조작식품은 당장은 괜찮아도 언젠가 예상하지 못한 문제를 일으킬 수 있다.

03. 『우리 생활 속의 숨은 일꾼 작은 생물 이야기』

♣ 31쪽

1. 예시 답안

분해자가 없다면 지구는 죽은 동식물로 가득 찰 것이다. 동물의 배설물이 분해되지 않아서 숲속에 넘쳐날 것이다. 또 흙에 거름이 부족해져 식물이 잘 자라지 못하기 때문에 동물의 먹이도 부족해져 생태계가 위험에 빠질 수 있다.

2. 예시 답안

▶ 세균 : 파상풍. 파상풍을 예방하려면 칼이나 못을 사용할 때 조심하고, 베었을 때는 철저하게 소독해야 한다. 파상풍 예방 접종을 한다.

▶ 원생동물 : 말라리아. 말라리아를 예방하려면 예방 백신이 없으므로 가능하면 모기에 물리지 않게 조심한다. 말라리아 예방약을 복용한다.

▶ 곰팡이 : 무좀. 무좀을 예방하려면 발을 매일 깨끗하게 씻고 건조하게 유지한다. 꼭 끼는 신발은 피하고, 가능하면 면으로 된 양말을 신는다.

♣ 32쪽

3. 예시 답안

오늘 먹은 음식	미생물을 이용해 만든 음식

아침	식빵, 잼, 요구르트, 치즈.	식빵, 요구르트, 치즈.
점심	된장찌개, 김치, 생선, 김, 나물무침, 밥	된장찌개, 김치
저녁	청국장, 고추장불고기, 오징어젓갈, 상추, 밥, 계란찜	청국장, 고추장불고기, 오징어젓갈

4. 예시 답안

▶ 미생물을 이용해 음식물 쓰레기를 분해할 수 있는 음식물 쓰레기 분해기를 만든다. 분해되고 남은 찌꺼기는 화분으로 옮길 수 있게 만들어 부엌에 채소를 키우는 작은 텃밭을 만든다.

▶ 미생물을 이용해 자동으로 청소되는 가습기를 만든다. 급수할 때 미생물도 공급해 나쁜 미생물이 성장하지 못하게 막고 항균 작용을 하게 만든다.

♣33쪽

5. 예시 답안

대장균은 사람의 몸에 없으면 안 되는 세균입니다. 대장에서 살면서 나쁜 세균이 자라지 못하게 지키는 역할을 합니다. 대장균은 사람이 소화시킬 수 없는 음식도 소화할 수 있도록 돕습니다. 대장균은 몸에 필요한 비타민도 만들어요. 예를 들어 피가 날 때 피를 굳게 하는 비타민 K를 만들지요.

6. 예시 답안

1347년 흑해 연안을 공격하던 몽골군은 투석기를 이용해 흑사병으로 숨진 시신을 성 안으로 던졌다. 흑사병을 생물학 무기로 사용한 것이다. 그 결과 흑사병이 이 성뿐만 아니라 유럽에 모두 퍼졌고, 몇 년 만에 유럽 인구의 3분의 1인 약 2500만 명이 병에 걸려 죽었다. 이처럼 사람을 공격하는 무기로 미생물을 사용하면 총 한 방 쏘지 않고도 많은 사람을 죽일 수 있다.

♣34쪽

7. 예시 답안

항생제는 몸에 들어가서 건강에 나쁜 영향을 끼치는 세균을 없앤다. 그런데 항생제를 지나치게 복용하면, 항생제를 써도 살아남을 수 있는 슈퍼박테리아가 탄생한다. 슈퍼박테리아는 면역력이 떨어진 사람의 몸에 들어가면 생명을 위태롭게 만든다. 항생제를 지나치게 복용하면, 몸에 유익한 미생물까지 함께 죽일 수 있다. 따라서 항생제는 꼭 필요한 상황에서 최소한만 사용해야 한다.

♣35쪽

8. 예시 답안

사람의 몸에는 세균이나 곰팡이 같은 미생물이 많이 산다. 세균이 전혀 없는 무균 세상에서는 사람도 살 수 없다. 사람의 대장에 세균이 하나도 없으면 먹은 음식이 장에서 소화되거나 흡수되지 못한다. 외부에서 적은 양의 세균이 몸에 침입해도 면역력이 떨어져 치명적인 질병에 걸릴 수 있다. 따라서 미생물을 없앨 것이 아니라 공존하는 방법을 배울 필요가 있다. 먼저 무분별하게 항생제를 사용하지 말아야 한다. 항생제를 남용하면 몸에 유익한 미생물까지 죽기 때문이다. 항생제의 남용을 피하려면 항생제를 사용하기 전에 다른 선택이 가능한지 고려해야 한다. 또 요구르트나 된장, 청국장, 김치 등 발효 식품을 많이 먹는다. 몸에 유익한 미생물이 늘어나 질병에 걸리지 않게 예방할 수 있다. 인류에게 도움이 되는 다양한 미생물을 찾아 활용하는 일도 공생의 한 방법이 될 수 있다.

04. 『이야기에서 건진 경제 아기 돼지 삼 형제가 경제를 알았다면』

♣41쪽

1. 예시 답안

장소	재화의 종류
집	옷, 신발, 쌀과 생선 등 먹을 음식, 냉장고나 세탁기 등 가전제품, 그릇, 카메라, 노트북, 게임기 등 장난감, 치약, 세제 등.
거리	자전거, 버스, 자동차, 택시, 트럭, 오토바이, 소방차, 경찰차, 청소차, 견인차, 가로등, 신호등, 쓰레기통, 표지판, 도로 등.
학교	연필, 지우개, 필통, 공책 등 학용품, 책가방, 신발주머니, 칠판, 화이트보드, 분필, 컴퓨터, 정수기, 에어컨, 복사기, 악기 등.
도서관	책장, 의자, 동화책, 잡지책, 사전류, 신문, 컴퓨터, 에어컨, 가방, 돋보기, 안경, 형광등, 소독기 등.

2. 예시 답안

	남자 종	처녀와 여자 종
토지 (천연 자원)	산속의 나무	빨래용 물
노동 (사람의 노력)	나무하는 기술, 제값 받고 판매하는 능력	빨래 기술
자본 (기계, 재료 등)	도끼, 지게	빨래와 바느질 도구

♣42쪽

3. 예시 답안

셋째 돼지가 형들에 비해 합리적인 선택을 했기 때문이다. 첫째와 둘째는 멀리 가지 않고 쉽게 구할 수 있는 재료를 선택했지만, 늑대를 막지 못해 위험에 빠졌다. 이에 비해 셋째는 튼튼한 벽돌집을 지었다. 시간과 노력, 기술이 필요했지만, 대신 튼튼한 집을 지어 안전할 수 있었다.

4. 예시 답안

허생이 부자가 될 수 있었던 까닭은 물건을 사서 모아 혼자만 가지고 있기 때문이다. 하지만 허생처럼 물건을 독점하면 가격을 자기 마음대로 올리거나 내릴 수 있기 때문에 파는 사람에게는 큰 이익이 되지만 사는 사람은 손해를 입는다. 필요한 물건을 제때 사지 못할 수도 있다. 게다가 경쟁 상대가 없어 기술을 개발해 품질을 높이거나 더 나은 상품을 만들기 위한 노력도 게을리 할 수 있다.

♣43쪽

5. 예시 답안

돈을 마구 찍어 내면 돈의 양이 늘어나 가치가 떨어진다. 예를 들어 돈을 100% 더 찍어 내면, 과거에는 1000원에 과자를 2개 살 수 있었는데, 1개밖에 살 수 없다. 같은 돈으로 살 수 있는 물건의 수가 감소한 것은 그만큼 돈의 가치가 떨어졌기 때문이다. 돈의 가치가 떨어진 만큼 물가는 오른다.

초등학생 문해독서 고급 1호 **답안과 풀이**

6. 예시 답안

저축으로 큰돈을 마련하면, 사고 싶은 물건을 사거나 하고 싶은 일을 할 수 있다. 갑자기 수술을 받아야 하는 등 불행한 일에 대비하기 위해서도 필요하다. 저축은 나라 경제를 튼튼하게 하는 데도 도움이 된다. 저축이 늘면 기업이 빌려 쓸 수 있는 돈이 충분해져 새로운 사업을 하거나 생산을 늘릴 수 있다. 그러면 일자리가 늘고, 가정의 소득도 늘어나며, 나라 전체의 경제도 성장한다.

♣44쪽

7. 예시 답안

무역이 필요한 이유는 나라마다 가진 자원과 기술이 다르기 때문이다. 무역을 통해 자기 나라에 없거나 부족한 것을 수입해 문제를 해결할 수 있다. 또 상품을 수출해 벌어들인 외화로는 국력을 튼튼하게 할 수 있다. 상품의 수출입은 경제 효과 외에 외교나 문화 교류에도 기여한다.

♣45쪽

8. 예시 답안

사람의 생활은 모두 경제와 관련되어 있다. 일을 하고 물건을 사고, 세금을 내거나 저축을 하는 모든 생활이 경제다. 어린이도 매일 경제 활동을 한다. 집 근처의 문방구에서 연필을 사고, 학교에 가서 공부하고, 가족과 함께 외식하는 일 모두 경제 활동이다. 이러한 경제 활동은 선택의 연속이다. 가장 필요하거나 갖고 싶은 것부터 선택해야 한다. 돈과 시간이 한정되어 있기 때문이다. 따라서 경제를 알면 생활하면서 부딪히는 여러 가지 경제 문제를 효율적으로 선택하는 데 도움이 된다. 돈이나 시간을 적게 사용해서 더 큰 만족을 얻거나 일을 더 잘할 수 있는 방법을 알 수 있기 때문이다. 비합리적인 의사 결정은 개인뿐만 아니라 사회적으로도 손실이다. 따라서 경제 생활을 바르고 효율적으로 하려면 어려서부터 경제 공부를 해야 한다. 실생활에 바탕을 두고 재미있고 쉽게 접근해야 한다. 주변에서 자주 일어나는 일, 생활에서 흔히 경험할 수 있는 일을 경제와 관련시켜 공부하면 된다. 경제 개념과 상식을 역할 놀이나 재미있는 체험, 경제 만화를 통해 배우는 방법도 있다.

05. 『다른 동네? YES! 우리 동네? NO! 지역이기주의 님비 현상』

♣51쪽

1. 예시 답안

지방자치단체는 장례식장 같은 기피 시설을 지을 때 도시 건설 단계부터 지을 곳을 지정해 공개해야 한다. 이렇게 하면 부동산 값에 미리 반영되고, 그 시설이 싫은 사람은 미리 피하기 때문에 주민의 반대를 최소화할 수 있다. 나중에 기피 시설을 지어야 할 경우에는 주민을 적극 참여시켜 소통하면서 협의해야 한다.

2. 예시 답안

지역이기주의는 사회 전체의 이익을 외면하면서 자신이 사는 지역의 이익만 추구하는 태도다. 장례식장이든 장애인 복지 시설이든 자신이 사는 지역의 이익에 맞지 않기 때문에 반대한다는 점에서는 지역이기주의와 다를 바 없다. 따라서 장례식장과 장애인 시설을 반대하는 일이 똑같은 지역이기주의가 아니라는 말은 옳지 않다.

♣52쪽

3. 예시 답안

수호 이모가 새별시 두레동으로 이사하려는 까닭은, 쓰레기 소각장과 매립장 같은 기피 시설을 지을 때 친환경적으로 만들어 문제가 없기 때문이다. 오히려 사람들이 버린 쓰레기가 환경을 오염시키지 않도록 과학의 힘을 빌려 재활용하는 곳이고, 주민이 휴식할 수 있는 공원이 가깝기도 하다. 나아가 신재생 에너지를 생산해 수익을 창출하고 관광 자원도 개발할 수 있기 때문에 경제 면에서도 도움이 된다.

4. 예시 답안

환경 빅딜은 환경 관련 시설과 기술 등을 서로 교환하는 거래다. 두리시에는 쓰레기 소각장을 좀 더 넓게 건설하고, 이웃인 새별시에는 매립장을 좀 더 크게 만든다. 환경 빅딜을 하면 각자 매립장과 소각장을 짓는 데 들어가는 땅을 한꺼번에 사서 건설할 때보다 비용을 줄일 수 있다. 또 쓰레기 매립과 소각에 관련된 기술도 전문적으로 발전시킬 수 있어서 환경 오염을 줄일 수 있다. 이렇게 절약한 예산으로 두 도시의 복지나 교육 예산으로 쓸 수 있기 때문에 경제적으로 두 도시 모두에 이득이 된다.

♣53쪽

5. 예시 답안

수호 엄마가 쓰레기 소각장 건설을 찬성한 까닭은, 쓰레기 소각장 건설과 관련된 설명회와 공청회에 참여하면서, 여러 의견을 듣고 타협하려는 태도를 갖추게 되었기 때문이다. 그리고 지방자치단체가 쓰레기 소각장을 '두리시 환경과학공원'으로 부르면서 체육센터, 어린이 놀이터, 생태 공원, 과학관 등 주민이 필요한 시설과 함께 만들려고 했기 때문이다.

6. 예시 답안

공동체는 수많은 개인과 단체, 지역으로 구성된다. 따라서 서로의 이익이 충돌하고 갈등이 일어날 수 있다. 어느 한쪽의 이익만 강조하면 다른 개인이나 집단, 공동체 전체에 해를 끼치게 된다. 이렇게 되면 개인과 공동체가 모두 발전하지 못한다. 따라서 민주주의 사회가 발전하려면 사익과 공익이 조화를 이루어야 하고, 이를 위해서는 대화와 타협을 통해 서로 이익을 나눠 가지며 공존하는 지혜가 필요하다. 과거 충북 청주시 오창읍에서는 기피 시설로 인식돼 주민들의 반대가 심했던 변전소 건설이 시작됐다. 변전소가 있어야 전기를 안정적으로 공급할 수 있는데, 지역 주민의 반대로 실행되지 못하다가 5년 넘게 주민과 대화하고 타협하며 합의를 이끌어 냈다. 한국전력은 해당 지역에 특별 지원 사업을 통해 주택 개량과 의료 서비스 지원 등 실제 생활에 필요한 다양한 복지·문화 사업을 펼쳤다. 한국전력과 주민들은 대화와 타협을 하면서 공존할 수 있는 방법을 찾은 것이다.

♣54쪽

7. 예시 답안

제시된 글에 나오는 삼나무는 자신의 아름다움에 우쭐해져서 다른 나무들을 없애게 만들었다. 그 결과 공동체가 파괴되었고 결국 자신도 살 수 없게 되었다. 여기서 다른 나무들은 사회적 약자를 말하고, 삼나무는 사회적 약자를 배려하지 못하는 사람을 말한다. 오늘날 노인이나 장애인 등 사회적 약자는 자신의 권리를 충분히 누리지 못하고 있다. 사회적 약자도 공동체의 일원이기 때문에 존중을 받을 권리가 있다. 그들의 권리가 존중 받지 못하는 곳에서는 다른 사회 구성원도 사람답게 살기 어렵다. 함께 사람답게 사는 사회를 만들려면 사회적 약자부터 배려해야 한다.

초등학생 문해독서 고급 1호 | 답안과 풀이

♣ 55쪽

8. 예시 답안

　자신의 이익만 생각하고 타인의 고통을 이해하지 못하면 공동체 정신을 회복할 수 없다. 나 혼자만 잘살려고 하는 이기심이 공동체를 무너뜨리는 것이다. 공동체 정신을 회복하려면 무엇보다 타인에 대한 배려와 이해가 필요하다. 아래 글에는 이웃에 대한 배려와 감사의 마음이 담겨 있다. 상대의 처지에서 생각해 보았기 때문에 가능한 일이었다. 전남 광양시는 한 마을에 거주하는 지역 주민들이 먹거리와 공동 육아, 여가 생활 등 혼자 노력해서 해결이 안 되는 문제들을 힘을 모아 함께 해결하려고 한다. 공동체 회복을 위해 분위기를 조성하고, 사업비와 행정력을 지원하는 등 공동체가 제 역할을 할 수 있도록 지원하는 것이다. 이처럼 공동체 회복을 위해 정부와 지방자치단체가 노력할 필요가 있다. 무엇보다 공동체 구성원들이 함께 살아야 한다는 의식을 가지는 일이 중요하다. 그래야 공동체 회복을 위한 정부와 지방자치단체의 노력도 효과를 볼 수 있기 때문이다.

06. 『프린들 주세요』

♣ 61쪽

1. 예시 답안
▸ 모르는 낱말이 있을 때 정확한 뜻을 알 수 없다.
▸ 낱말을 정확히 어떻게 발음해야 하는지 알 수 없다.
▸ 낱말의 용법을 알 수 없다
▸ 낱말이 생긴 기원을 알 수 없다.

2. 예시 답안
▸ 기술이 발전하면서 새로운 물건이 생겼을 때.
▸ 인권 의식이 높아지며 차별이나 편견이 들어간 말 대신 새로운 말이 필요할 때.
▸ 원래 있었던 말보다 더 신선하고 재미있는 말이 생겼을 때.

♣ 62쪽

3. 예시 답안

　링컨초등학교에 다니는 5학년 닉 앨런이 만든 단어 '프린들'이 요즈음 학생들 사이에서 유행하고 있다. 닉은 '펜'을 뜻하는 '프린들'이라는 단어를 새로 만들어 퍼뜨렸는데, 이 학교의 5학년 담임인 그레인저 선생님은 이 말이 사전에 없다는 이유로 사용을 금지하고, 쓰다가 들키는 학생들에게 벌을 주었다. 학생들이 그레인저 선생님에게 반발하면서 '프린들'이라는 말은 더 널리 퍼지고 있다. 닉과 그레인저 선생님은 서로 양보할 생각이 없기 때문에 이 소동은 앞으로도 계속될 것으로 보인다.

4. 예시 답안

　말은 끊임없이 변합니다. 없던 말이 새로 생기기도 하고, 쓰던 말이 사라지기도 합니다. 유행어는 비교적 짧은 시기에 사람의 입에 오르내리는 말인데, 그 시대의 사회나 문화의 모습을 반영하는 특성이 있습니다. 유행어 가운데서도 오랜 시간 꾸준히 쓰이는 말은 표준어로 인정을 받아 사전에 오르기도 합니다. 예를 들어 얼마 전부터 '소확행'이라는 단어가 널리 쓰였는데, '소소하지만 확실한 행복'이라는 뜻입니다. 큰 것을 달성하기 어려우니 작은 것에서 삶의 만족을 찾는 사람이 늘어난 현실을 보여 줍니다. 사전에 오른 말만 사용하게 하고, 유행어를 아예 쓰지 못하게 한다면 새로 생기는 말이 사라져 언어 생활이 빈곤해질 것입니다.

♣ 63쪽

5. 예시 답안

　'프린들'이라는 말이 거부감 없이 널리 쓰인 까닭은 재미있기 때문이다. '프린들' 같은 신조어가 사전에 실리려면 그 말이 특정한 집단에만 속해 있지 않고 일반인에게도 널리 쓰여야 한다. 또 5년 넘게 거부감 없이 사용되어야 사전에 올릴지 심사할 수 있는 자격이 생긴다.

6. 예시 답안

　사회가 변하면 새로운 사물이나 현상이 생기는데, 이에 따라 언어와 사전도 바뀌어야 한다. 예를 들어 기술의 발전에 따라 드론이 생겼는데, 드론을 표현할 말이 없다면 '전파로 조종하며 사람이 타지 않는 비행체'라고 설명을 길게 해야 하는 불편이 따른다. 이런 일이 많으면 언어 생활이 빈곤해져서 사회와 문화가 발전하기 어렵다.

♣ 64쪽

7. 예시 답안

　남자는 사람들이 말하는 내용을 들으면 우스워서 견딜 수 없었다. 남자가 듣기에는 사람들이 "빵에 앉아서 식탁을 먹는다."처럼 우스꽝스러운 말을 했기 때문이었다. 남자는 점점 다른 사람들과 말이 통하지 않게 되었다. 다른 사람들은 남자의 말을 알아들을 수가 없어서 화를 내거나, 남자를 미쳤다고 생각하고 더 이상 대화를 하지 않았다. 남자가 일하던 회사에서도 말이 통하지 않는다며 해고했다. 남자는 하루 종일 혼자 집에 있으면서 자신만 알 수 있는 말로 중얼거렸다. 몇 년 뒤 남자는 방 안에서 죽은 채로 발견되었다. 남자가 쓴 편지가 책상에 놓여 있었지만, 거기에 쓰인 내용은 아무도 알 수 없었다.

♣ 65쪽

8. 예시 답안

　인터넷과 스마트폰을 사용하는 사람이 늘어나면서 '대박'이나 '득템' 같은 인터넷 신조어가 많이 유행하고 있다. 인터넷에서 신조어가 유행하는 까닭은 의사 소통을 빨리 하려고 단어를 합성하거나 줄이기 때문이다. 인터넷 신조어는 새로운 표현이 많기 때문에 사람들이 쓰면서 재미를 느끼는 장점이 있다. 짧은 표현으로 웃음, 분노, 충격 같은 감정을 효과적으로 전달할 수도 있다. 같은 말을 쓰는 사람들끼리 친근감을 느껴 쉽게 가까워지기도 한다. 그러나 지나친 줄임말이나 문법에 맞지 않는 표현이 많아 우리말을 파괴하는 단점이 있다. 또 신조어를 모르는 사람들에게는 소외감을 느끼게 하고, 의사 소통을 하기 어렵게 만든다. 그리고 욕설이나 비하 등 거친 표현이 많이 섞여 있어 불쾌감을 느끼게 할 수도 있다.

07. 『동물 농장』

♣ 71쪽

1. 예시 답안

　동물들은 자신들이 비참한 노예 생활을 하는 이유를 인간이 생산물의 대부분을 빼앗아 가기 때문이라고 생각했다. 그래서 반란을 일으켜 인간을 농장에서 추방하면 동물들이 굶주리며 힘들게 일하지 않고, 풍요롭고 자유롭게 살 수 있다고 믿었다.

초등학생 문해독서 고급 1호 답안과 풀이

2. 예시 답안
'모든 동물은 평등하다'는 규칙에 맞으려면 수확물을 공평하게 나눠야 하지만, 일을 더 많이 한 동물에게 더 많은 이익이 돌아가게 해야 한다. 그리고 일할 능력이 없는 동물도 먹고살 수 있게 해야 모든 동물이 평등하게 살 수 있다. 돼지들이 일을 하지 않는데도, 다른 동물보다 좋은 음식을 먹고 배부르게 지낸다면 모든 동물은 평등하다는 규칙에 어긋난다.

♣72쪽

3. 예시 답안
권력자인 돼지들이 '칠 계명'을 조작해 자기네 권력을 유지하는 수단으로 이용했다. 이런 일이 계속되면 공동체에 대한 신뢰가 무너져 사회 질서가 혼란에 빠진다. 법이나 규칙이 공정해야 구성원들이 공동체를 신뢰할 수 있다. 그런데 법이나 규칙이 누군가의 이익을 위해 바뀌면 특정한 집단만 이익을 보고, 그 집단에 속하지 않은 구성원은 피해를 본다.

4. 예시 답안
돼지들만 모여 의사를 결정하면 돼지들에게만 이로운 결정이 이루어진다. 돼지들이 잘못된 결정을 해도 견제할 수 없는 문제점도 있다. 이렇게 되면 다른 구성원은 자신의 목소리를 낼 수 없고, 결국 독재가 심해져 다른 동물은 고통을 당하고, 피지배층으로 살아갈 수밖에 없다.

♣73쪽

5. 예시 답안
구성원들이 바른 목소리를 내야 독재를 막을 수 있다. 독재 상황에서 비판 없이 무조건 권력을 따른다면 독재는 심해지고, 구성원들이 피해를 본다. 복서는 "나폴레옹은 항상 옳다."라고 말하면서 부패한 권력을 돕는 꼴이 되고 말았다. 힘이 센 복서가 문제 상황을 파악하고 바른 목소리를 냈다면 독재를 막을 수도 있었을 것이다. 그리고 복서 자신도 이용만 당하다가 말 도살장으로 끌려가는 일을 당하지 않았을 것이다.

6. 예시 답안
언론이 조작되어 잘못된 내용이 퍼지면 국민은 그 일에 대해 올바르게 판단하기 어려워진다. 조작된 내용을 사실이라고 믿고 잘못된 판단을 하는 것이다. 또 조작된 언론으로 인해 사회를 올바르게 보는 시각을 기를 수 없게 된다. 권력을 가진 사람들이 언론을 조작해 자신의 행위를 정당화하거나, 국민을 선동할 수 있는 문제점도 있다. 따라서 국민은 정보가 조작되었는지 판단할 수 있는 능력을 길러야 한다.

♣74쪽

7. 예시 답안
▶ 나는 복서에 가까운 것 같다. 복서의 문제점은 상황을 비판적으로 인식하지 않고, 묵묵하게 자신이 맡은 역할만 하면서 희생했다. 힘이 센 복서가 잘못된 상황을 바로잡기 위해 앞장서서 바른 목소리를 냈다면 독재를 막을 수도 있었을 것이다.

▶ 나는 벤자민에 가까운 것 같다. 벤자민은 똑똑하고 모든 상황을 잘 알았지만, 자신의 안전을 위해 잘못된 상황을 비판하거나 앞장서서 바꾸려 하지 않았다. 벤자민은 다른 동물을 설득해 '칠 계명'이 바뀌어 간다는 사실과 독재가 심해지는 상황을 제대로 알렸어야 한다.

♣75쪽

8. 예시 답안
독재를 막으려면 시민이 나서야 한다. '깨어 있는 시민'이 되어야 사회의 잘못된 점을 바로잡을 수 있다. 시민들이 깨어 있지 않으면, 권력을 잡은 사람이 자기들에게 유리하도록 정치를 할 수 있다. 이렇게 되면 시민의 의견이 정치에 반영되지 못한다. 깨어 있는 시민이 되려면 참여 정신과 책임감이 필요하다. 책임감을 가지고 정치에 참여해야 정부가 정책을 결정할 때 영향을 미칠 수 있다. 합리적인 사고와 비판적인 사고로 무장하는 일도 중요하다. 정부의 정책에 무조건 비판하는 것이 아니라 공공의 이익을 따져서 타당한 근거를 들어야 한다. 건강한 공동체를 만들려면 시민의 역할이 중요하다는 사실을 항상 잊지 말아야 한다.

08. 『불량한 자전거 여행』

♣81쪽

1. 예시 답안
자신의 미래가 자기 의지와 상관없이 부모의 의지대로 결정된다. 이렇게 되면 성취 동기가 약화되고, 자기가 원하지 않는 분야에서 일할 수 있기 때문에 능력을 최대한 발휘할 수 없다.

2. 예시 답안
▶ 정당하다 : 우리나라는 명문 대학에 들어가야 안정된 직업을 가질 수 있습니다. 그래서 가정마다 어려서부터 자녀들에게 사교육을 시킵니다. 사교육을 받지 않으면 좋은 성적을 내기도 어렵고, 남들이 인정하는 대학에 들어가기도 어렵지요. 이렇게 되면 나중에 직장을 갖지 못해 부모님에게 기댈 수 있습니다. 따라서 부모가 자녀의 사교육비를 대는 일은 당연하다고 봅니다. 부모에게는 자녀 교육을 최대한 뒷바라지해야 하는 의무도 있습니다.

▶ 정당하지 않다 : 자녀에게 최상의 교육 환경을 제공하는 일이 부모의 의무입니다. 우리나라는 특히 명문 대학을 나와야 안정된 직업을 가질 수 있다고 합니다. 그래서 가정마다 어려서부터 자녀들에게 사교육을 시킵니다. 하지만 반드시 사교육을 받아야 좋은 성적을 내고 명문 대학에 입학할 수 있는 건 아닙니다. 학교 교육만 받고도 스스로 노력해 좋은 성적을 내는 학생도 얼마든지 있습니다. 부모가 오직 자녀만을 위해 희생하면 행복 지수가 낮아지고, 호진이네처럼 가정 불화가 일어날 수 있습니다.

♣82쪽

3. 예시 답안
▶ 부모님이 겪을 문제 : 호진이의 부모님은 호진이의 안전과 식사, 잠자리, 학교 공부 문제 등 때문에 애를 태우게 된다. 호진이의 행방을 찾기 위해 일도 팽개치고 찾아다니며, 경찰에 가출 신고도 한다. 더 큰 문제는 부모님이 호진이의 가출 책임을 놓고 다투다 사이가 더 벌어질지도 모른다는 것이다.

▶ 호진이가 겪을 문제 : 호진이에게는 당장 식사나 잠자리를 스스로 해결해야 하는 문제가 생긴다. 더구나 학교 공부와 학원 공부를 하지 못해 성적이 더 떨어진다. 더 심각한 문제는 안전하지 못하다는 데 있다. 끼니를 해결하지 못해 건강이 나빠질 수도 있고, 나쁜 길로 들어서 범죄자의 길을 갈 수도 있다. 유괴를 당해 위험에 빠질 수도 있다.

4. 예시 답안
갈등 상황에서 자기를 이겨 내고 계속 도전하게 하는 힘은 강력한 목표 의식과 성취 동기라고 생각한다. 강력한 목표 의식은 부모 등 다른 사람이 정해 준 길로 갈 경우 생기기 어렵다. 하지만 스스로 고민하면서 어렵게 목표를 선택하면 자기가 그 길의 주인이기 때문에 어려운 상황이 닥쳐도 이겨 내려는 의지가 강해진다.

♣83쪽
5. 예시 답안

호진이 부모님, 호진이는 지금 부모님이 시키는 대로 학교와 학원만 오가며 밤늦게까지 하기 싫은 공부에 시달리고 있습니다. 자기를 돌아보고 자기가 정말로 원하는 길이 무엇인지 스스로 생각할 틈이 없는 것이지요. 한참 성장하는 시기에 스스로 도전하고 땀 흘리면서 자기를 찾는 일은 무엇보다 중요합니다. 부모님의 생각대로 호진이가 학교 공부를 잘해 정해진 길을 가는 것도 안전한 방법일 것입니다. 하지만 남의 발자국만 따라가다 보면 자기 발자국을 남길 수 없습니다. 호진이의 삼촌은 고등학교만 나와 자전거 여행 가이드를 하기 때문에 가족들 모두 불행하게 보았지만, 하고 싶은 일을 하므로 자기 삶에 무척 만족하고 있습니다. 남의 눈에 맞춰 사는 것보다는 스스로 가슴 뛰는 일을 하고 살아야 만족도가 높고 행복하지 않겠습니까.

6. 예시 답안

공동체가 유지되고 발전하는 데는 법도 중요하지만, 더욱 필요한 것은 사랑과 용서, 배려심임을 깨달아야 한다. 공동체 생활을 하려면 법을 잘 지켜야 하지만, 법이 질서를 유지하는 유일한 수단은 아니다. 법은 동기나 과정은 보지 않고 결과만 보기 때문에 법이 강조될수록 구성원의 이기심이 강해지고, 서로를 의심하게 되어 갈등 비용이 더 크게 발생한다. 또 동기나 과정은 생각하지 않고 결과만 보고 벌을 주기 때문에 한순간의 실수로도 전과자가 될 수 있다.

♣84쪽
7. 예시 답안

지은이는 자전거 여행을 통해 고되지만 가치 있는 삶의 의미를 보여 주려고 했을 것이다. 자전거 여행은 자기 노력으로 땀을 흘리며 발판을 굴러야 앞으로 나아갈 수 있다. 때론 포장이 잘된 도로를 갈 때도 있고, 포기하고 싶은 마음의 갈등을 겪으며 넘어야 하는 높은 산길과 신나는 내리막길을 가야 할 때도 있다. 그런데 자기가 선택한 길을 가다가 방향이 틀리면 이내 다른 길로 갈 수 있다. 여행을 마치고 나서 돌아보면 스스로 선택하고 문제를 해결하며 지나왔기 때문에 가치가 있고 대견스럽게 느껴진다. 이에 비해 자동차 여행은 편하기는 하지만 정해진 길로만 가야 한다. 그리고 중간에 연료가 떨어지면 나아 갈 수 없고, 고장이 나면 스스로 고칠 수도 없다. 따라서 자동차 여행은 아무 고민 없이 공부만 하면서 부모님이 선택해 준 길을 가는 것으로 볼 수 있다.

♣85쪽
8. 예시 답안

옷과 운동화, 안경, 책, 학용품 등 모두 우리를 앞서갔던 누군가의 노력과 땀의 결과물이다. 그분들 덕분에 발이 부르트도록 오랫동안 걸어야 할 길을 자동차를 타고 내달린다. 우리도 그분들에게 받은 만큼 직업을 통해 후손에게 돌려줘야 한다. 그런데 그게 부모님들이 원하는 대로 꼭 공부를 잘해서 명문 대학에 들어가 교사나 의사, 판검사 등 안정된 직업을 가져야 하는 일은 아니다. 나도 호진이처럼 확실하게 무슨 일을 할지 아직 정하지는 못했다. 하지만 나만의 길을 선택해 발자국을 남기려는 각오는 있다. 그래서 호진이처럼 나를 찾는 여행을 하고 싶지만 도전 정신과 모험심이 약해서 망설이고 있다. 호진이는 공부는 싫고 땀을 흘리는 일이면 좋다고 했는데, 나는 과학을 좋아한다. 부모님께 말씀을 드려서 대학에 다니는 사촌형과 함께 올 여름방학에 한라산을 걸어 오르면서 내가 정말 무엇을 원하는지 찾아봐야겠다.

09. 『자전거 도둑』

♣91쪽
1. 예시 답안

지나친 이기심 때문에 야박하게 구는 신사를 골려 주기를 바랐기 때문이다.

2. 예시 답안

고급 차 주인	수남이가 싹싹 빌었으니 야박하게 굴지 않고 너그럽게 봐 주었다면
구경꾼들	자전거를 들고 도망가라고 할 것이 아니라, 흠집이 매우 작으니 그냥 봐 주는 것이 어떻겠냐고 말해 주었다면
철물점 주인	자전거를 그냥 들고 온 것을 칭찬하지 말고, 돈이 들더라도 대신 물어 주고 주의를 주었더라면

♣92쪽
3. 예시 답안

주인 영감이 무릎을 치며 통쾌해 할 때 내가 수남이라면	주인 영감에게 고급 차 주인을 찾아가 사과할 테니 함께 가 달라고 말한다.
애걸하는 봄뫼의 모습을 보고 내가 한뫼라면	시골 사람들이 달걀을 소중하게 여기는 것과 달리, 도시 사람들은 달걀을 우습게 여긴다는 것을 알려 준다.

4. 예시 답안

시골 아이들이 문명에 눈을 뜨지 못한 것처럼 도시 아이들은 자연에 눈을 뜨지 못했을 것이다. 따라서 도시 아이들을 초대해 달걀이 자연의 일부이며, 소중한 존재라는 사실을 알려 주자는 뜻에서 말했다.

♣93쪽
5. 예시 답안

궁전아파트 주민	환경이 아름답고 살기 편하며 시설이 고급인 아파트에 사는 것.
나	돈은 많지 않아 작은 집에 살아도 가족 모두 몸과 마음이 건강한 것.

6. 예시 답안

물질이 풍족한데도 노인들이 극단적인 선택을 한 까닭은 모든 관계가 단절되어 스스로 무가치하게 느꼈기 때문일 것이다. 노인들은 과거에 살던 인정이 넘치는 동네와 달리 조그만 공간에 갇혀 지내면서 외부와 단절된 채 외로움에 시달렸을 것이다. 그리고 우울증이 깊어져 사랑하는 가족이 나를 필요한 존재로 여기지 않는다는 사실을 뼈저리게 느끼고 극단적인 선택을 하게 된 것이다.

초등학생 문해독서 고급 1호 답안과 풀이

♣ 94쪽

7. 예시 답안

세 작품 모두 물질만 추구하는 어른들의 어리석음을 보여 준다. 작가는 도덕적 양심과 이웃이나 가족에 대한 사랑을 바탕으로 몸보다 마음이 편안하게 사는 것이 더 중요하다는 뜻을 전달하려고 했다.

♣ 95쪽

8. 예시 답안

'옥상의 민들레꽃'에 나오는 자식들은 어머니가 정말로 원하는 것이 무엇인지 알려고 하지 않았다. 냉장고에 어머니가 좋아하는 음식이 가득하고, 옷장에 비단옷이 많으니 큰 걱정이 없을 것이라고 생각한 것이 잘못이다. 노인들은 좋은 옷이나 맛있는 음식보다 가족과 화목한 시간을 보내는 것을 더 좋아한다. 정부의 '2019년 자살 예방 백서'에 따르면 65세 이상 노인 자살률(인구 10만 명당)은 58.6명으로, OECD 회원국 18.8명보다 훨씬 높다. 노인들이 자살하는 가장 큰 원인은 경제적 어려움이지만, 우울증은 물론 자녀와의 단절 문제도 크다. 이는 외로움을 느낀 노인들이 살아야 할 까닭을 모르고 자신을 쓸모없는 존재라고 생각해 자살을 선택하는 경우가 늘고 있음을 알려 준다. 노인 자살 문제를 해결하기 위해서는 자식들이 부모를 자주 뵈어야 한다. 또 지방자치단체가 가족을 자주 만날 수 없는 노인들을 파악해, 봉사자가 정해진 날짜에 찾아가는 서비스를 제공해야 한다.

10. 『어두운 눈을 뜨니 온 세상이 장관이라 심청전』

♣ 101쪽

1. 예시 답안

내가 지금 생각하는 효도란 부모님의 마음을 편안하게 해 드리는 일이다. 전통 사회에서 효도는 자녀가 부모님을 공경하고 노후를 책임지는 것이었다. 하지만 현대에는 복지 제도가 잘 갖춰져 있어서 경제적으로 자녀의 희생을 강요할 필요가 없다. 효도는 원래 자식이 자신을 낳고 길러 준 부모님을 섬기는 일이다. 이렇게 하려면 부모님의 마음을 헤아려 걱정을 끼쳐 드리지 말아야 한다. 특히 자신이 할 일을 스스로 하고, 학교에 지각하지 말고 학업에 최선을 다해야 한다. 형제나 친구들과도 사이좋게 지낸다.

2. 예시 답안

농사를 짓고 나라를 지키는 데 남자가 여자보다 더 중요한 역할을 했기 때문이다. 전통 사회는 농경 사회여서 농사를 짓는 데 힘이 센 남자가 필요했다. 여자는 힘이 약해 큰 힘이 필요한 농사에 적합하지 않았다. 더구나 여자는 결혼을 하면 남편 집으로 가기 때문에 남이나 마찬가지로 여겼다. 그리고 남자는 군대에 가서 나라를 지켰지만 여자는 국방 의무를 지지 않았다.

♣ 102쪽

3. 예시 답안

심 봉사는 부인을 잃은 절망감과 어린 자식을 보살펴야 하는 책임감 사이에서 갈등을 겪었을 것이다. 심 봉사는 누군가의 도움이 필요한 시각장애인이다. 지금까지 자신을 보살피던 부인이 죽자 더 이상 살기 어려울 만큼 깊은 절망감을 느꼈을 것이다. 하지만 자신마저 세상을 버리면 젖먹이 딸도 생명을 잇기 어려울 터였다. 따라서 딸을 생각하면 아무리 절망적인 상황에서도 살아야 한다고 생각했을 것이다.

4. 예시 답안

유교 경전인 『효경』에는 부모에게서 받은 몸을 다치지 않는 것이 효의 시작이라는 내용이 나온다. 이에 따르면 심청이 눈먼 아버지의 개안을 위해 자신의 목숨을 바친 것은 진정한 효도라고 볼 수 없다. 어떻게든 살아서 아버지에게 효도를 다해야 한다. 오히려 심청이 극단적인 선택을 한 행위는 불효일 수 있다. 아버지가 눈을 뜨더라도 자식의 목숨과 바꾼 것인데, 행복할 리가 없다. 따라서 눈먼 아버지를 남겨 두고 죽는 선택보다는 살아서 봉양하는 것이 바른 방법이다. 하지만 아버지의 눈을 뜨게 하려는 간절함은 진정한 효심에서 나왔다고 볼 수도 있다. 심 봉사가 무리한 시주를 약속하고 눈을 뜨려는 이유도 자기 때문에 고생하는 자식을 도우려는 마음이 컸을 것이다. 이런 아버지의 마음을 아는 심청의 입장에서는 자신의 몸이 부모에게서 받은 것이니, 부모를 위해 자신의 목숨을 바쳐도 된다고 여겼을 것이다.

♣ 103쪽

5. 예시 답안

상인들과의 약속을 어길 수 없었기 때문이다. 심청은 상인들에게 공양미 삼백 석을 받는 대신에 자신을 바다의 제물로 삼기로 계약을 맺었다. 계약은 지켜야 하지만, 사람의 목숨을 사고파는 계약까지 지켜야 하는 것은 아니다. 하지만 심청은 자신을 제물로 내주기로 한 계약을 어겨서는 안 된다고 생각했기 때문에 마지막 순간에 갈등했던 것이다.

6. 예시 답안

가족 간의 사랑을 바탕으로 최선을 다해 노력하면 고난과 시련을 극복할 수 있다는 교훈이다. 심 봉사는 아내가 자식을 낳자마자 세상을 떠나 의지할 곳이 없어진다. 더구나 노동력이 없는데 부양해야 할 자식까지 생긴 최악의 상황이다. 하지만 삶을 포기하지 않고 젖동냥으로 자식을 키워 내는 사랑을 발휘한다. 심청도 어렸을 적부터 그런 아버지를 봉양하려고 힘든 일을 마다하지 않는다. 부잣집에서 수양딸로 들어와 편히 살라는데도 아버지의 부양 문제 때문에 거절한다. 이렇듯 시련이 크지만, 부녀는 서로를 위한 사랑과 꺾이지 않는 용기로 무장한 채 세상을 헤쳐 나간다. 자신의 운명을 스스로 감당하려는 굳은 의지를 보여 준 것이다. 심청의 효심은 마침내 하늘도 움직여 심 봉사의 눈을 뜨게 한다. 심 봉사가 눈을 뜨는 순간, 이 땅의 모든 맹인들이 눈을 뜬 것이다. 그리고 가난과 질병에 시달리며 고통을 당하던 백성들에게는 희망의 등불이 켜진 것이다.

♣ 104쪽

7. 예시 답안

(바)에서 알 수 있는 점은 궁궐이 전국의 맹인 잔치를 열 정도로 재물이 풍족했고, 전국의 맹인들이 한두 끼의 음식을 먹기 위해 몰려들 만큼 가난했다는 것이다. 끼니조차 해결하지 못하는 눈먼 아버지의 개안을 위해 심청을 두 번이나 죽음으로 내몰 만큼 효도를 지나치게 강조한 문제점도 알 수 있다. 한마디로 빈곤층과 장애인에 대한 복지제도가 충분하지 못했기 때문이다. 조선 시대에는 장애인의 부양 가족에게 부역을 면제하거나, 일부 시각장애인에게 일자리를 주기도 했다. 하지만 먹고사는 문제라도 해결할 수 있도록 직접 지원하는 제도가 아니어서 효과는 크지 않았다. 조선 시대에는 대다수 백성이 양반 지주에게 땅을 빌려 농사를 지었다. 그런데 땅을 빌린 대가로 내는 소작료와 국가에 내는 세금을 제외하면 40%도 남지 않았다. 게다가 양반은 세금을 내지 않아 빈부 격차가 무척 심했다. 이런 상황에서 자기 목숨을 두 번이나 바칠 만큼 효도를 강조해야 자식도 많이 낳고, 국가의 복지도 저항 없이 개별 가정에 떠

초등학생 문해독서 고급 1호 답안과 풀이

넘길 수 있었던 것으로 볼 수 있다.

♣ 105쪽

8. 예시 답안

전통 사회에서 효는 자식이 정성을 다해 부모님을 섬기는 정신이었다. 하지만 지금은 이런 정신이 사라지면서 계약 관계로 바뀌고 있다. 최근 불효를 막기 위해 효도계약서를 쓰는 가정이 늘고 있다. 자식에게 미리 재산을 물려주면 부모 대접을 받기 어렵기 때문이다. 따라서 부모가 자식에게 효도한다는 조건으로 재산을 주는 효도 계약을 맺는 것이다. 여기에는 자식이 약속을 어기면 재산을 돌려받는다는 내용이 들어간다. 참된 효의 방향은 부모님을 정성껏 섬기는 정신을 되살리는 길이다. 심청전에서는 부모와 자식 간의 사랑이 고난과 시련을 극복할 수 있게 해 준다는 교훈을 얻을 수 있다. 자식이 부모님을 섬기는 일을 경제적으로 부양해야 한다는 뜻으로 해석해서는 안 된다. 사랑을 바탕으로 부모님을 위하고 걱정하는 마음을 갖는 것이 참된 효의 방향이다.

11. 『잘못된 세상을 뒤집는 통쾌한 모험 이야기 홍길동전』

♣ 111쪽

1. 예시 답안

서출이란 신분 때문에 차별을 당하며 살고 싶지 않았고, 개인의 능력을 무시한 채 타고난 신분으로 사람을 차별하는 사회제도에 불만을 가졌기 때문이다.

2. 예시 답안

저상 버스는 바닥을 낮추고, 경사판이나 리프트를 설치해 휠체어를 탄 장애인 등이 버스에 쉽게 오르내릴 수 있도록 설계되어 있다. 이는 버스 이용에 불편을 겪었던 장애인 등 교통 약자들의 평등권을 보장한 경우다.

♣ 112쪽

3. 예시 답안

▶ 능력이 있는데도 신분이 낮아 차별 대우를 받는다면, 개인이 성실하게 노력하려는 의욕을 갖지 않을 것이다.

▶ 능력이 있는데도 신분에 차별을 두어 인재를 뽑지 않는다면 사회가 발전할 수 없다. 또 사회제도에 불만을 품은 사람이 늘어나 사회가 혼란스러워질 수 있다.

4. 예시 답안

▶ 홍길동은 유죄이다. 홍길동은 구휼미에 모래를 넣는 등 부정부패를 저지른 관리들을 혼내고, 어려움에 빠진 백성들을 도우려고 도적질을 했다. 하지만 법과 질서를 혼란스럽게 한 것은 잘못된 행동이다. 관리들의 횡포가 심하고 살기 어렵다고 모두 도적질을 한다면 어떻게 되겠는가? 사회가 혼란해져 백성이 더 살기 힘들어진다. 부정부패한 관리라 해도 법이 정한 절차에 따라 심판하고 처벌해야 한다. 따라서 홍길동에게 유죄 판결을 내려 100시간 동안 봉사 활동을 하도록 명한다.

▶ 홍길동은 무죄이다. 홍길동은 구휼미에 모래를 넣는 등 부정부패를 저지른 관리들을 혼내고, 어려움에 빠진 백성들을 도우려고 도적질을 했다. 남의 재물을 훔쳐 부정한 이익을 얻는 것은 잘못된 행동이다. 하지만 홍길동이 훔친 재물은 본래 백성에게 나눠 줘야 할 구휼미였다. 홍길동은 도적질을 해서 부정한 이익을 얻으려 했던 것이 아니다. 부정부패한 관리들에게서 구휼미를 빼앗아 백성에게 나눠 줬을 뿐이다. 따라서 홍길동에게 유죄 판결을 내려서는 안 되며, 부정부패한 관리들을 처벌하는 일이 먼저다.

♣ 113쪽

5. 예시 답안

▶ 2조 : 특권층을 인정하지 않는다. 돈이나 권력을 가진 사람이 자신을 보통 사람과 구별해서 더 많은 특권을 누리려 하면 유배 1년에 처한다.

▶ 3조 : 모든 사람들에게 교육의 기회를 고르게 준다. 여자라고 해서 학교를 보내지 않는 등 교육의 기회를 주지 않는 부모는 유배 1년에 처한다.

6. 예시 답안

▶ 춘향전은 양반과 천민이 신분의 차이를 극복하고 결혼한다는 내용을 다루고 있다.

▶ 줄거리 : 기생이었던 월매는 딸 춘향을 낳는다. 춘향의 아버지는 성 참판으로 양반이지만, 춘향은 어머니를 따라 천한 신분이다. 하지만 춘향은 용모가 아름답고 시와 그림에 능하였다. 어느 봄날 사또의 자제인 이 도령이 광한루에서 그네를 타는 춘향을 보고 좋아하게 된다. 서로 사랑하게 된 춘향과 이 도령은 결혼을 약속하지만, 임기가 끝난 아버지를 따라 이 도령이 한양으로 가면서 이별한다. 새로 부임한 변학도는 춘향이 기생의 딸이라고 함부로 대하며 기생처럼 취급한다. 하지만 춘향은 수청을 거절하고 감옥에 갇힌다. 한편 이 도령은 과거에 합격해 암행어사가 되어 돌아와 변학도의 악행을 벌하고, 춘향과 행복하게 산다.

♣ 114쪽

7. 예시 답안

'홍길동전'에는 신분을 나눠 사람을 차별하면 안 된다는 내용이 담겨 있다. 나라에서는 사회 질서를 위협하고 혼란스럽게 한다는 이유로 '홍길동전'을 금서로 정해 펴 내거나 읽지 못하도록 했다. 하지만 이는 잘못된 판단이다. 사회 발전은 국민이 다양하게 사고하고 창의력을 발휘해야 이뤄진다. 나라가 국민의 사상이나 감정을 통제하면 다양한 사고와 창의력이 싹틀 수 없어 사회 발전이 어렵다. '홍길동전'이 읽을 가치가 있는지 없는지는 독자가 판단해야 한다.

♣ 115쪽

8. 예시 답안

평등이란 사람들을 타고난 조건이나 신분으로 차별하지 않는 것을 말한다. 하지만 모든 사람을 똑같이 대우하는 것은 평등이 아니다. 사람들 사이에 있는 차이를 인정하면서도 약자가 공정한 경쟁을 할 수 있도록 배려해야 진정한 평등이다. 장애인과 노인, 여성은 사회 활동을 할 때 비장애인, 중장년, 남성보다 불리한 조건에 놓여 있다. 모든 사람을 똑같이 대하면, 불리한 조건에 놓인 사람은 늘 경쟁에서 뒤져 본인의 노력과는 상관없이 억울할 수밖에 없다. 평등한 사회가 되려면 모든 사람을 공평하게 대우하도록 마련된 법을 잘 지켜야 한다. 법에서는 성별이나 종교, 장애를 이유로 한 차별을 금지하고 있다. 따라서 정부는 사회적 약자들이 경쟁에서 공평한 기회를 가질 수 있도록 시설이나 정책, 제도를 마련해야 한다. 또 사회 구성원은 사람들 사이의 차이를 인정하고 약자를 위한 배려를 실천해야 한다.

12. 『깡통 소년』

♣ 121쪽

1. 예시 답안

실수가 용서되지 않고, 다른 사람의 아픔을 공감하지 못하는 문제가 있다. 모두 같거나 비슷하게 생각하고 행동하기 때문에 다양성이 떨어져 사회 발전에 걸림돌이 될 수도 있다. 규칙과 질서가 지나치게 엄격하게 강조되고, 융통성이 사라져서 형편에 맞추어 이해하거나 대응하지 못할 수도 있다.

2. 예시 답안

어른들의 말씀을 잘 듣고, 공손하며 예의바르게 행동해야 한다고 배웠다. 그리고 설거지나 청소, 쓰레기통을 비우는 일 등 자기가 할 수 있는 집안일을 해서 부모님을 도와야 한다고 배웠다. 또 학교에서는 아이들의 잘못을 선생님께 솔직하게 알려 주어야 하며, 나쁜 말이나 욕설은 입에 담지 말아야 한다고 가르침을 받았다. 그리고 잠자기 전에 사탕을 먹는 등 금지된 행동을 하면 마음이 불편해지도록 교육되었다.

♣ 122쪽

3. 예시 답안

콘라트가 반 아이들에게 미움을 산 까닭은 그들의 마음을 이해하지 못했기 때문이다. 콘라트가 친구들에게 나쁜 마음이 있는 것은 아니다. 하지만 선생님이 물으면 모두 털어놓아 아이들에게 배신자로 낙인이 찍혔다. 내가 공장의 맞춤형 아기 설계자라면 다른 사람의 처지를 이해하고 배려하는 마음가짐을 가르치는 프로그램을 보충하겠다. 이 프로그램에는 친구들과 우정을 나누는 일이 중요함을 알고, 친구들과 함께 놀이를 하는 방법이 포함될 수 있다. 이에 더해 아이답게 말하고 행동하며, 상황에 맞게 생각하고 대처하는 방법도 포함시키겠다.

4. 예시 답안

지식을 가르치는 교육보다 자신의 개성을 발견하도록 이끄는 교육이 더 중요하다. 에곤 씨가 스스로 콘라트를 가르치면서 최고의 사립학교에도 보내겠다고 한 말은 영리한 콘라트에게 많은 지식을 가르치고 싶었기 때문이다. 하지만 바톨로티 부인은 콘라트에게 무엇을 좋아하는지 묻고, 마음껏 하고 싶은 대로 하라고 말했다. 이는 자신의 개성을 발견하는 일이 중요하다고 믿었기 때문이다. 자신이 어떤 사람인지 알고, 자신이 하고 싶은 일과 잘할 수 있는 일을 찾는 것이 교육에서 가장 중요하다.

♣ 123쪽

5. 예시 답안

지능이 높은 아이만 골라 낳으면 인간의 존엄성을 해칠 수 있다. 사람은 모든 조건을 떠나서 사람이라는 이유만으로도 존중을 받아야 한다. 그런데 지능이 높은 아이만 선호하면 지능이 낮은 아이는 값어치가 떨어지는 존재로 여기게 된다. 또 신분에 따라 차별하는 일이 생길 수 있다. 지능이 높은 사람은 높은 신분, 지능이 낮은 사람은 낮은 신분으로 딱지가 붙을 수 있기 때문이다. 이렇게 되면 지능이 높은 사람이 사회의 중요한 자리를 독차지하고, 지능이 낮은 사람은 신분 상승의 기회가 막혀 사회 갈등이 심해질 것이다.

6. 예시 답안

세 사람은 서로 사랑하는 마음을 가지고 있었다. 바톨로티 부인과 에곤 씨는 생각이나 생활 방식이 달라도 서로 진심으로 사랑하고 있었으며, 콘라트를 자식으로 사랑하면서 잘 기르고 싶어 했다. 콘라트도 바톨로티 부인을 좋은 엄마라고 여겼다. 이렇게 세 사람은 서로를 아끼면서 염려하는 마음이 컸기 때문에 힘을 모아 어려움을 이겨 낼 수 있었다.

♣ 124쪽

7. 예시 답안

콘라트는 공장에서 배운 대로만 행동하도록 만들어진 아이였다. 그런데 바톨로티 부인과 에곤 씨, 아래층에 사는 친구 키티와 헤어지고 싶지 않아 공장에서 교육을 받은 내용을 어기면서까지 금지된 행동을 했다. 이런 경험은 자신의 의지대로 생각하고 결정하도록 훈련을 받지 못한 콘라트한테는 혼란스러운 일이었을 것이다. 콘라트의 고민을 덜기 위해서는 자신의 의지대로 사는 게 배운 대로 사는 것보다 더 중요함을 깨닫게 만들어야 한다. 언제 어디서나 옳은 행동은 없다. 똑같은 행동도 상황에 따라 다르게 평가를 받을 수 있다. 따라서 어떤 상황에서 어떻게 행동하는 게 옳은지 스스로 판단하고, 자신의 의지에 따라 올바르게 행동하기 위해 노력해야 한다.

♣ 125쪽

8. 예시 답안

▶ 찬성 : 공장에서 인간을 만들어 파는 일에 찬성한다. 인간을 대량 복제해 판매하면 아기를 갖지 못하는 사람이나 임신이 안 돼 고통을 받는 사람들에게 도움이 된다. 신장이나 골수 등 장기 이식이 필요한 사람에게도 희망을 줄 수 있다. 유전적으로 완전히 동일하게 복제된 장기는 전혀 거부 반응 없이 이식이 가능하고, 장기 기증자를 찾아 죽음의 날만 기다리는 수많은 사람에게 유일한 해결책이기도 하다. 현대 의학으로 치료가 불가능한 난치병, 유전병 같은 질병도 치료할 수 있다. 염색체 이상 등 선천성 결함도 예방할 수 있다. 게다가 인간은 자신의 유전자를 원하는 대로 사용할 권리가 있다. 정상적으로 태어난 인간도 일부 유전자가 잘못되어 질병이 발생할 수 있는데, 일부 유전자에 결함이 있을 수 있다는 이유로 인간 복제를 금지해야 한다는 주장은 받아들일 수 없다.

▶ 반대 : 공장에서 인간을 만들어 파는 일에 반대한다. 다른 무엇보다 인간의 존엄성을 해치기 때문이다. 인간은 자체로 존중을 받아야 하는데, 공장에서 생산된 인간은 어떤 목적을 이루기 위한 수단에 불과하다. 그들에게는 존엄한 인간으로서 자기 삶을 선택할 수 있는 권리도 보장되지 않는다. 인간 차별을 낳는 점도 문제다. 부자는 복제된 장기를 이식 받아 건강하게 오래 살 수 있지만, 가난한 사람은 그렇게 하지 못한다. 유전적으로 동일해져서 질병에 약해지는 점도 문제다. 공장에서 만든 인간이 당장은 건강하더라도 자라면서 예상하지 못한 병에 걸리는 문제를 일으킬 수 있다. 노화가 빨리 진행되고 수명이 줄어들 가능성도 적지 않다. 남녀 간의 결혼을 전제로 한 가족 공동체를 파괴하는 문제점도 있다. 어머니나 아버지 없이 정서적으로 안정된 상태에서 살 수 있을지도 의문이다.